山西省高校哲学社会科学项目(201803072)
山西省哲学社会科学项目(2018B259)　　　　　资助
山西师范大学现代文理学院科研项目(2018JCYJ28)

职业体育利益博弈的协同治理机制研究

郑志强　著

人民体育出版社

图书在版编目（CIP）数据

职业体育利益博弈的协同治理机制研究 / 郑志强著. -- 北京：人民体育出版社，2021（2024.12重印）
ISBN 978-7-5009-6012-6

Ⅰ.①职… Ⅱ.①郑… Ⅲ.①职业体育—研究—中国 Ⅳ.①G812

中国版本图书馆CIP数据核字(2021)第036956号

*

人 民 体 育 出 版 社 出 版 发 行
北京中献拓方科技发展有限公司印刷
新 华 书 店 经 销

*

787×960 16开本 11印张 188千字
2021年6月第1版 2024年12月第4次印刷

*

ISBN 978-7-5009-6012-6
定价：69.00元

社址：北京市东城区体育馆路8号（天坛公园东门）
电话：67151482（发行部） 邮编：100061
传真：67151483 邮购：67118491
网址：www.psphpress.com
（购买本社图书，如遇有缺损页可与邮购部联系）

前　言

　　职业体育作为我国体育事业改革与发展的潮头，对提升竞技体育实力、体育产业发展、体育经济创收等发挥着重要作用。2012年以职业足球实施的"管办分离"改革战略，使我国职业体育改革再一次备受关注。体育改革是一种权利和利益的再分配，而权利和利益的归属，决定了体育及其管理体制的性质和形态。在我国职业体育改革实践中，由于体育资源的稀缺性、体育需求的多样性及体育利益分配的倾向性，导致了各种性质的体育利益矛盾。这些利益矛盾是影响我国职业体育改革的深层次因素，深化职业体育改革必须要处理好职业体育改革中的利益博弈问题，解决这一问题的关键是要协调各方利益主体，构建一种适合于本土职业体育发展的良性治理机制。

　　本书共七章内容。第一章　绪论。这部分内容主要包括：研究背景、目的与意义、国内外文献述评、研究思路和框架等。

　　第二章　中国职业体育市场化改革进程与问题。这部分主要分析了职业体育市场化改革历程和突出问题；中华人民共和国成立以后足球事业的发展主要事件、任务、取得的成绩；2012年职业联赛管办分离改革的实施，以及改革中的关键政策、主要措施和产生的积极影响。

　　第三章　职业体育利益机制及利益博弈。这部分内容主要分析国内外职业体育的管理和运营制度。如中超联赛、NBA、欧洲五大联赛的管理与运营机制的主要特点及相互比较借鉴，以及职业体育利益博弈的具体表现和影响因素。

　　第四章　中国职业体育利益博弈的理论与实证分析。这部分内容包括两部分内容：一是中国职业体育股东利益博弈的协同治理研究。采用博弈论方法，构建中超联赛股东利益博弈协同治理模型，并对提出的五个研究假设进行了验证，分析了大股东对中小股东利益侵占的潜在可能以及利益侵占对联赛协同治理的破坏，强调俱乐部监督和必要惩罚对大股东侵占行为治理的重要性。但本书仅从中超公司内部股东视角分析了联赛利益博弈问题，并没有考虑到联赛其他利益相关者的利益博弈，尤其是政府这一重要的利益相关者。可以说，职业联赛协同治理能否实现，很大程度上依赖政府的支持，如政府职能转变、政府政策支持、政府对股东利益关系的监督与协调。政府与联赛股东的利益关系。如中国足协利益博弈背后的政府行为和意愿，俱乐部的利益诉求与利益维护都需要政府的出面才能有效解决。

二是体育行业协会管理职业联赛退出机制的博弈演化分析。这部分内容分析了中国职业足球联赛"管办不分"管理体制的特征，阐述了中国足协管理职业联赛退出机制的阶段性策略、具体方式与行为目标，以职业联赛管办分离改革为研究情境，设计政府对足协改革放权的激励机制，建立中国足协与政府之间的利益演化博弈模型，讨论政府有效激励对中国足协退出联赛管理的推进效果，并采用博弈相位图验证了政府激励促进中国足协退出的有效性，以及对影响双方博弈演化策略的因素进行分析，为政府自上而下推动职业联赛改革提供理论依据。研究得出以下结论：①"激励，维持现状""不激励，维持现状""激励，放权退出"，都可能是系统的演变稳定策略，系统最后演变成哪条路径，依赖于博弈支付矩阵及参数的值；②加大政府对足协退出的补助额度和对消极被动行为的惩罚力度；③惩罚、补助与激励成本决定了政府与足协博弈的调整策略；当惩罚额度超过激励成本时，惩罚越大，政府执行激励的概率越大；政府补助额度越大，政府采取激励的概率反而越小；激励成本越低，经过长期嬗变，具备有限理性的政府偏好激励策略。

第五章　职业体育利益博弈的协同治理路径。这部分内容分别从制度层面、组织层面、改革逻辑层面、产权层面4个视角提出了职业体育利益博弈的协同治理路径。

第六章　中国职业体育利益博弈协同治理的策略。这部分内容从主要利益相关者视角和利益机制创新两个方面分析解决职业体育利益博弈和冲突的有效策略。

第七章　研究结论和建议。

前　言

　　以上所述，乃是本书的基本内容和主要观点，其中有些观点还不太成熟，有许多应该重视的问题尚未提及，提及的未能分析太透，所以有些不足。我有信心、有时间在未来的学习和研究中继续探索。在长期的体育实践学习和工作中，作者对该领域产生了浓厚的兴趣，出于研究兴趣的使然，作者以《中国职业体育利益博弈的共赢模式和治理机制》为选题，积极申报了 2018 年山西省高校哲学社会科学基金，非常幸运地获批了项目资助（项目编号：201803072）。在项目获得资助后，作者及作者团队成员带着强烈的使命感和责任感，通过相关文献收集和整理、专家访谈、资料分析和整理，历经 2 年时间，最终完成书稿撰写工作。

　　在书稿完成和即将接受检验之际，心情久久不能平静。读书是一件很苦的事情，又是一件很快乐的事情，"苦并快乐着，快乐并苦着"，这是在创作过程中的感受。"当我们第一遍读一本好书的时候，我们仿佛找到了一位朋友；当我们再一次读这本书的时候，仿佛又和老朋友重逢（伏尔泰）"。在书稿的写作过程中，面临着工作的压力、生活的压力和学业的压力，自己始终在希望、担忧、疲惫、奔波中辗转反侧，在不同的角色中调适自己，感觉自己始终在一个劳累的旅途中进行匆匆创作。

　　我觉得以自己的中人资质，能够至今保持谦虚好学之心，绝非个人能力品格所致，实赖学校领导、同事和父母家人对我的支持和包容。在此，我想向他们表示感谢和感恩。

　　首先向一直关心和支持本研究工作的山西师范大学体育学院院长、硕士生导师郑旗教授表示由衷感谢！向为本书及本课题研究工作提出宝贵建议的乔玉成教授、曹景川教授表示感谢！

　　感谢父母对我的养育之恩，他们为我创造了良好的成长环境、学习条件和生活氛围，尤其是我的母亲，对我学习和生活中点点滴滴的无私奉献。最后，特别要感谢我的妻子翟丽丽老师，我们的相识、相爱和结合贯穿了书稿创造的整个过程。在我外出调研和写作过程中，是她为整个家庭默默地支持和付出，让我最终坚持完成写作。还有我们两个可爱调皮的儿子郑皓阳和郑铄阳，给我们的生活带来很多乐趣，更让我肩负起做好一个爸爸的责任，赋予了无限的创作动力。

　　本书中的内容是 2018 年山西省高校哲学社会科学基金一般项目《中国职业

体育利益博弈的共赢模式和治理机制》的最终成果，因此对该项目的立项和经费支持表示感谢！

  本书所研究的内容涉及职业体育改革和体育治理当前中国体育发展的热点问题。基于职业体育管办分离改革或从体育治理视角研究职业体育利益改革，都是一个交叉性的研究课题。由于跨学科性，作者研究水平有限，研究还不够深入，可借鉴的资料也不够多，文中的观点不够成熟甚至幼稚，恳请学界的各位同仁批评指正。

郑志强
2020 年 6 月于山西师范大学

目 录

第一章 绪论 ·· 1

 第一节 问题的提出与研究意义 ·· 1
 第二节 国内外研究现状及述评 ··· 16
 第三节 研究框架与思路 ·· 37
 第四节 理论基础 ··· 41

第二章 中国职业体育市场化改革进程与问题 ························· 52

 第一节 中国职业体育市场化改革进程 ································· 52
 第二节 中国足球职业化改革的问题辨析 ······························ 60

第三章 职业体育利益机制及利益博弈 ································· 67

 第一节 中国职业管理体制 ··· 67
 第二节 国外职业体育管理机制 ·· 71
 第三节 中国职业体育利益博弈的表征 ································ 78
 第四节 中国职业体育利益博弈的影响因素 ·························· 83

第四章　中国职业体育利益博弈的理论与实证分析 ………………… 89

第五章　职业体育利益博弈的协同治理路径 ……………………… 100

　　第一节　制度层面的改革路径 …………………………………… 100
　　第二节　组织层面的优化路径 …………………………………… 103
　　第三节　有条件的市场化改革逻辑价值取向 …………………… 126
　　第四节　明晰职业联赛产权归属主体 …………………………… 130

第六章　中国职业体育利益博弈协同治理的策略 ………………… 132

　　第一节　明确各利益相关主体的职责 …………………………… 132
　　第二节　完善和创新职业体育利益管理机制 …………………… 136

第七章　研究结论和建议 …………………………………………… 146

　　第一节　研究结论 ………………………………………………… 146
　　第二节　建议 ……………………………………………………… 149

附录　职业体育利益博弈协同治理机制调研问卷 ………………… 151

参考文献 …………………………………………………………… 152

第一章 绪 论

第一节 问题的提出与研究意义

一、问题的提出

中华人民共和国成立后,政府为了动员一切资源,实现军事、工业赶超目标的国防优先和重工业优先发展战略,并为了确保这一战略的早日实现,对社会生活进行全面干预与控制。一些学者将1949—1978年的中国称为总体性社会[①]。在此阶段,我国长期实行的是高度集中的计划经济体制,所有制比较单一,干部、工人的工资按级别来定,农民按"工分"分配,收入差距不大且比较固定,生活必需品都是凭票定量购买。在很长一段时间里,人与人、群体与群体之间的利益关系相对比较简单。

20世纪70年代末,在邓小平同志等党的第二代领导集体的带领下,中国揭开了改革开放的历史新篇章。学界称为"中国第二次革命"的改革,放弃了原先单一的所有制和高度集中的计划经济体制,中国社会的生产制度和分配方式发生了深刻变革。为了在短时间内尽快实现强国富民的目标,需要政府权力的介入来建立市场经济体制。但与发达国家政府介入市场的约束条件不同,我国政府介入市场,一开始并非为了克服市场失灵,而是为了尽快建立与特定约束条件相适应的市场机制——因为市场还不存在。在当时市场经济不完善的情况下,政府既要成为市场机制扩张的动力之一,也要充当利益分配的协调者。

---

① 张亚丽. 利益秩序重构的政治逻辑[M]. 北京:中国社会科学出版社,2014:25-26.

伴随着改革开放的深入和市场经济的发展，我国经济体制、经济结构等方面相继发生了深刻的变化：从计划经济体制向社会主义市场经济体制转变；从单一公有制形式向以公有制为主体、多种所有制经济共同发展转变；从单一的按劳分配制度向以按劳分配为主体、多种分配方式并存的分配制度转变等。这些方面的变化，引起了利益格局的深刻调整。在改革开放以来形成的"强国家—弱社会"模式下，政府与社会逐渐形成了"领导支配—服从执行"的利益关系：一方面政府与社会利益地位不对等，政府借助行政权力掌握了大量社会资源和资源支配权利，社会资源极为缺乏；另一方面政府在资源分配中主要采用单一的行政配置机制，利益管理机制调控乏力，在政策规划、实施及协调相关机构过程中，难以充分发挥社会各界的自主性，社会力量参与积极性不高。

伴随公民社会的崛起和市场活力的彰显，人们越来越意识到可以依赖社会与市场的力量，去替代某些原有的政府职能，这意味着原有政府职能模式及其实现方式需要加以修正。推进政府职能转型的议题逐渐浮出水面，政府将部分职能"转交"给社会或市场，从而使政府效率提升，市场和社会活力迸发。现实中，我国社会事业是在一穷二白的基础上起步的，国家是社会主义各项事业的唯一举办主体，在这种状况下，社会生活的每一环节都有政府的身影，一切活动都成为政府公共活动，一切行为都是政府行为。显然，这对政府提出了极高要求，而其根深蒂固的政事不分、政企不分，也产生了一系列社会问题[①]。如果不存在着国家干预，单纯的市场经济的自由放任，本身就存在着这样一种趋势，即拥有资本、技术、知识与权力者，要比没有这类稀缺资源的人们，更容易在市场条件下得益。自由放任的市场条件下的贫富分化，是竞争性市场经济的自然现象。

改革开放以来，我国的利益主体日益多元化，社会成员的利益诉求意识不断增强，表达利益诉求的渠道和方式呈现出多样化的状况，为我国经济社会的发展提供了动力。社会利益关系如果得不到协调和理顺，就会引发一些不稳定因素，影响社会和谐。因此，为了有效地推进和谐社会建设，就必须协调和理顺社会利益关系。2005年，清华大学孙立平教授以《中国进入利益博弈时代》为题撰文指出，当一个社会进入利益博弈时代的时候，就提出了一系列的问题：如何使利益博弈合法化、如何为利益博弈提供合法的舞台、利益博弈的组织机制是什么、

---

① 于小千. 管办分离：公共服务管理体制改革研究［M］. 北京：北京理工大学出版社，2011：12.

利益博弈机制与规则如何制定、政府如何面对利益博弈等[①]。随着我国经济社会发展，社会利益关系更为复杂，社会治理也面临一些需要重视的问题。例如：社会主体的持续互动仍然缺乏科学的机制设计，社会活力的深度激发仍然缺乏系统的制度安排，社会主体有效参与的渠道和方式仍在摸索。经过长期实践探索，从宏观到微观，人们对社会治理理念已经形成一些共识。但随着人民美好生活需要的不断增长，社会治理面临的具体问题更为复杂，在不同领域如何切实推动公众参与、形成有效社会协商，如何在激发社会活力的同时维护社会秩序，仍需要继续在理论和实践上深入探索[②]。

党的十八大以来，我国社会利益结构在国家经济体制改革的稳步推进中不断分化与重组，国家大举推进经济体制改革，转变经济发展方式，建立现代企业制度与产权制度，明确市场主体经营权与所有权，致使市场主体的专业化程度普遍提高。市场运行专业化程度的提升，不但促进了生产力的发展与社会资源的优化配置，而且使利益主体呈现出多元化的发展趋势。习近平总书记在党的十九大报告中明确指出："中国特色社会主义进入新时代，我国社会主要矛盾已经转化为人民日益增长的美好生活需要和不平衡不充分的发展之间的矛盾。"按"公众的利益就是公共制度的利益"的逻辑，维护中国特色社会主义的经济制度、政治制度和文化制度有效运行，就是维护新时代中国的国家利益。2017年，习近平总书记在中国共产党第十九次全国代表大会报告中提出，到2035年，国家经济实力、法制建设与治理能力、文化软实力跃居世界前列；发展差距普遍缩小，社会和谐；人民富裕；环境优美。到2050年，"我国物质文明、政治文明、精神文明、社会文明、生态文明将全面提升，全体人民共同富裕目标基本实现，我国人民将享有更加幸福安康的生活"[③]。中国共产党第十九次全国代表大会确立了新时代中国发展的总目标，按"公众的利益就是公共制度的利益"的逻辑，国家利益的具体表现就是确保中国特色社会主义道路顺畅，维护中国特色社会主义制度有效运行，防范外部世界对这些制度运行的干扰与破坏，服务于总目标的实现。国家是一个享有法定权利的治理单元，是一个民族独立的标志。

新时代的社会主要矛盾发生了改变。从社会基本矛盾、社会主要矛盾与社会

---

① 孙立平. 中国进入利益博弈时代 [J]. 经济研究参考, 2005 (6): 8.
② 江必新. 把新时代社会治理提升到更高水平 [N]. 人民日报, 2018-08-05.
③ 习近平. 决胜全面建成小康社会夺取新时代中国特色社会主义伟大胜利——在中国共产党第十九次全国代表大会上的报告 [M]. 北京：人民出版社, 2017.

利益矛盾的关系来看，首先，社会基本矛盾的状况决定社会主要矛盾的基本状况。近年来，我国大力推进经济体制改革，调整生产关系，不但使生产力的发展水平迈上了新的台阶，而且促使人民的利益需求从物质文化到美好生活的转变。本质上，这是生产关系内容的转变，由于生产关系决定社会利益关系。因此，新时期，我国社会利益关系随着社会主要矛盾的转变而出现了新的情况。其次，利益矛盾是社会基本矛盾与发生作用的先决条件，因此利益矛盾也是社会主要矛盾发生作用的前提条件。当下，我国社会的基本矛盾还是生产力与生产关系之间的矛盾，但是，近年来生产力水平的巨大发展，使新利益博弈出现，新利益博弈是指在经济过程中追求自身利益最大化的行为主体，在解决与他人的利益矛盾时所表现出来的策略性行为。利益需求作为社会主体行为动机的根本出发点与落脚点，从本质上体现着人们的社会属性与根本价值取向。不同利益主体的社会经济地位，决定了不同利益的实现形式、实现程度、实现内容与实现手段，加之特定利益数量的有限性，在利益差别性占有与分配前提下，势必导致各种社会矛盾与冲突。归根到底，一切社会问题既是发展问题，也是利益问题。进入新时代，社会发展的不平衡、不充分依旧是我国处理现阶段复杂社会利益关系的现实依据。科学处理新时代社会利益关系直接关系国家治理现代化进程、无产阶级政党的历史使命和中华民族的伟大复兴之路[①]。

"国家"是指国家内部的统治机构或政权机构，通常也称为政府。从广义上讲，国家是拥有共同的语言、文化、种族、血统、领土、政府或历史的社会群体。从狭义角度讲，国家是一定范围内的人群形成的共同体形式。国家的行政管理当局是国家的象征，它是一种拥有治理一个社会权利的国家机构，在一定的领土内拥有外部和内部的主权。一个国家的合法性是指一个政权的理性标准。从历史上看，国家（或政府）是阶级斗争的产物。在近代早期，推崇世俗权利和民族力量的西方资产阶级，抬高国家和法律的地位，制度上强调中央集权的重要作用，强调国家在保卫个人财产和权利方面的作用。

近代经济学者们更多地关注国家如何获得财富，强调国家对经济特别是对贸易的干预，如 16~17 世纪的重商主义，主要强调国家干预对"国家致富"的重要意义。随着资本主义统治地位的确立，资产阶级要求更多的个人自由和经济自

---

① 唐皇凤. 社会主要矛盾转化与新时代我国国家治理现代化的战略选择［J］. 新疆师范大学学报：哲学社会科学版，2018（4）：88.

由，认为国家的角色应该是个人自由的保护者、社会的"守夜人"，管得最少的政府是最好的政府。直到20世纪30年代世界经济危机的爆发，使人们认识到自由经济学说无法解释西方的现实经济，凯恩斯主义由此成为当时的主流，国家干预管理深入到西方各国经济发展中去。但到70年代，西方各国经济陷入停滞状态，国家干预政策使政府背上沉重的财政负担，政府失灵。其他各种经济学派纷纷登场，其中以布坎南为代表的公共选择理论对政府与市场的关系做出新的解释。公共选择理论认为，政府的价值在于提供公共物品方面具有规模优势。由于公共物品的消费具有非排他性和共同消费特点，容易产生"搭便车"的现象，导致公共服务匮乏。由于市场经济下的个人是理性的"经纪人"，个人没有动力提供公共服务，而政府提供公共服务比个人更有效率，更具规模效益。

马克思主义的阶级观点在认识社会利益关系时具有支配性的影响，根据在生产关系中的不同地位而区分的阶级被认为是当时最基本的社会利益单元。恩格斯指出，国家的出现是人类社会发展的必然结果。人类社会始终存在着两种生产，即物质资料和精神资料的生产。社会制度受这两种生产的制约。随着社会分工的出现，阶级开始形成，当两个阶级的矛盾达到不可调和时才出现国家，国家是阶级矛盾不可调和的产物，是经济上占统治地位的阶级"获得了镇压和剥削被压迫阶级的新手段"。在社会主义条件下，国家是上层建筑的核心，有必要也有可能借助国家的政权力量，保护社会主义经济基础，促进社会主义经济发展。更重要的是，社会主义市场经济在以生产资料公有制为主体的基础上，为了发展社会生产力，提高人民的生活水平，社会主义国家担负其社会经济的管理职能，行使国有资产所有者的职能，充分利用市场机制的作用，依靠社会主义公有制经济特别是国有经济的力量，确定经济发展战略目标和计划，引导市场，规范和调整企业的行为，使之纳入国民经济协调发展的轨道。

中国共产党是全国各族人民利益的忠实代表，党的利益和人民的利益是一致的。党承认自己的成员有个人利益，保护党员的合法权益。但是，工人阶级政党的性质要求党员要将党和人民的利益放在高于一切的位置，在党员的个人利益和人民利益发生矛盾和冲突时，坚决服从党和人民的利益，甚至牺牲个人利益，维护国家和人民的利益。

二、研究意义

体育是国家综合国力和社会文明程度的重要体现。体育在提高人民身体素质和健康水平，促进人的全面发展，丰富人民精神文化生活，推动经济社会发展，激励全国各族人民追求卓越，突破自我的精神方面，都有不可代替的作用。一个国家的体育利益可以使该国公民保持健壮的体魄、乐观豁达的心态、积极的人生态度。和平时期体育在丰富民众业余文化生活的同时，也为体育产业的发展开拓了一个前景广阔的消费市场。在建设体育强国的进程中，关注中国的体育利益并将其放在国家利益的宏大背景中加以考察，使我国的体育发展战略与当下的国家战略保持一致，重视在我国体育战略研究中增添新的国家利益，这是我国体育理论界的责任与使命所在[①]。

职业体育作为一种体育休闲活动的经济异化产物，是伴随西方资本主义经济社会变迁而逐渐演化成型的，并顺应性地呈现组织化样式。然而利益目标的多元性，又往往诱使组织出现离心趋向。为此，组织架构与运作中，需要进行相应的规则设计和权力配置，以适时解决组织成员之间的关系问题，消解离心压力，增强凝聚力。这也意味着现代职业体育出于经济利益的目的，经历了一系列商业化、职业化和货币化的演变，建立有序的利益共同体关系是组织维系的核心机制，这一基本原则深刻地扎根于职业体育组织样式的演变过程。而该演化过程镶嵌于组织运行社会背景的特征，只把握其内部运行规律是无法有效解构其运行实质的，而探解组织运行的外部因素，成为考察组织存在和运行的又一关键所在，即唯有深入分析职业体育联盟的演化历程，方能解开西方职业体育联盟的神秘面纱[②]。

职业体育市场的运作有赖于国家和私人经济行为人之间的关系及公民和国家之间关系的设计[③]。私人行动者必须因顺应公共利益而得益，反之而受损，政府也一样。政府必须能够鉴别其干预何时能够提高社会边际报酬，而且必须拥有能够有效干预的工具。然而政府自身必须借助相关激励进行有效的干预，且当违背公共利益时，政府也必须受到制裁。政治家必须要能够控制官僚阶层，因为官僚

[①] 黄莉. 国家体育利益拓展与发展趋势研究 [J]. 武汉体育学院学报, 2016 (6): 6.
[②] 张文健. 对职业体育联盟组织模式的研究 [J]. 上海体育学院学报, 2006, 30 (1): 56-58.
[③] 杨年松. 职业竞技体育经济分析与制度安排 [M]. 北京: 经济管理出版社, 2006: 87.

往往不受大众制裁的约束。政治改革的目标应该是设计允许社会追求集体目标的制度，从而使经济体中的政府干预成为可能，并使政府受制于大众的制约。黄毅、李建立（2006）对社会转型期我国竞技体育利益属性及举国体制的演化与利益分化现象进行了分析，他们提出转型期我国竞技体育具有私益属性；原有的举国体制出现了利益分化；利益整合首先必须保证竞技体育公益属性不受冲击，但必须承认并鼓励私益的获取；举国体制转型的实质是利益总量的增加，而利益总量的增加需要利益整合；举国体制需要利益分配机制、利益激励机制、利益表达机制、利益补偿机制、利益约束及制衡机制等制度体系保障[①]。

按照国家垄断范围来考察，可以把国家与职业体育市场的关系分为以下3种：第一种，国家不参与生产体育赛事经营活动，赛事产业的生产系统完全由社会来经营，体育行业均由个人自由经营，形成体育市场经济。社会经营体制的主要特征是，作为政权机构的国家处在体育赛事生产系统之外，通过保护俱乐部产权和维护职业联赛交易秩序，支持体育赛事生产系统的自发运作。国家与市场的关系表现为，国家通过职业体育市场创造经济财富，再通过税收获取国家所需的收入，同时向社会提供公共体育服务，履行国家的服务职能，维持职业体育市场经济的正常运行。第二种，国家或政府垄断体育赛事行业的生产与经营活动，并按国家的行政计划配置体育资源，即计划经济下的举国体制。国家与市场关系是国家在经营领域完全取代市场，由政府官员组织赛事生产经营活动，市场手段仅发生在民众向国家购买体育消费服务领域。第三种，国家选择那些具有控制地位的重要运动项目领域进行垄断经营，同时，其余行业和经营领域向社会民间开放，由民间自由经营，形成国家垄断与市场经营相结合的市场经济。

考察一个国家内部的国家与市场关系，即是考察国家在财富的生产与分配上的基本特征。任何国家若要继续生存下去，都需要有效地组织其生产与分配系统，将社会资源引导到生产性活动上，并将生产的产品适当分配，以保证社会成员的生活需要与再生产需要，以及维护国家统治的需要。建立国家的生产与分配系统，有两种主要的组织手段：一是运用市场机制，二是运用权利。市场机制有助于提高社会成员在财富创造的激励和效率，可以实现国家经济繁荣发展；政治权利则有助于实现国家自身的目标，如获取和资源控制，维护国家稳定与安全。

一是以政府长期收入为最大目标。国家处于一种长期稳定的发展状态下，政

---

① 黄毅，李建立. 社会转型期我国竞技体育利益整合与举国体制 [J]. 体育学刊，2006 (3)：5-6.

府与民众在发展经济上存在"利益共荣"。政府为实现长期的收入最大化，需要激励民众的生产积极性，促进经济繁荣发展。为此，政府需要实行两项政策：第一，制定最优汇率，即能够实现其长期收入最大化的税率，按这种税率向民众征税；第二，提供经济发展所需的公共产品（财产产权和基础设施），以支持民众发展生产。由此形成的经济体制即是市场经济，政府通过发展生产经济创造财富，再通过对市场征税获取需要的收入。

二是以政府控制权最大化为目标。如果政府追求政治目标最大化，是出于追求政权的合法性和相应意识形态。如果国家把政权合法性建立在实现某个特定政治目标之上，而为了实现这个目标，需要尽可能扩大政府权力，那么，政府追求控制权可以得到理解。计划经济体制内，国家与市场关系是政府垄断所有生产和经营领域、权利构成生产与分配系统的主要手段，市场的作用受到挤压，社会发展经济的积极性不高。

三是以维护的政权稳定为最大目标。政府无论是追求长期收入最大化，还是控制权最大化，都是以政权的稳定和长期延续作为前提。所以，对政府来说，政权的长期稳定是根本目标，国家的生产与分配系统不能仅为了增加政府的长期收入和扩大控制权，还必须有助于实现政权稳定的目标[①]。

我国体育利益与竞技体育发展息息相关。1952年11月15日，中央体委正式成立，它是国务院下属的负责统一领导和监督管理全国体育事业的正部级政府机构。而后，全国县以上的政府机构都相继成立了各级体委。至此，集权于体委，对体育实行独家领导和管理的管理体制已经形成。此后"中国为了尽快摆脱百年来受辱于强国的局面，摘去'东亚病夫'的帽子，振兴民族精神，提高在国际上的政治地位，根据国情确立了优先发展竞技体育带动大众体育发展的方针"[②]，并逐渐确立了以"全国一盘棋"（体现了国家乃至体育界的集中统一意志）；"组织一条龙"（体现了高度集中的体育行政管理方式）；"训练一贯制"（体现了专业化的训练、竞赛体制和后备人才培养模式）为特征的发展竞技体育"举国体制"的基本构架。从历史和现实来看，为了"努力适应当代国际竞技体育发展趋势，积极应对国际竞技体育激烈竞争和强烈挑战，在以奥运会为最高层次的国际竞技体育大赛中取得优异运动成绩，在国际竞争中继续保持和扩展我国在国际

---

① 曹正汉. 国家与市场关系的政治逻辑——当代中国国家与市场关系的演变（1949—2008）[M]. 北京：中国社会科学出版社，2014：1-10.

② 吕树庭. 从中日竞技体育的兴衰看体育与政治、经济的关系[J]. 体育科学，1990（3）：3.

竞技体育取得的优势,就要不断强化和进一步完善我国竞技体育举国体制,这是当代中国竞技体育发展方式的必然选择"①。

与其他社会事业的发展命运一样,新中国体育是在国弱民困的基础上起步的,经过摸索形成和建立了适合当时中国体育发展的运行体制,即举国体制。依赖国家和政府力量,在更短的时间内提升国家体育水平,是当时国家体育发展的价值取向。实践中形成的举国体制运行模式确实迅速提高了中国竞技体育实力。20 世纪 80 年代以前,我国一直采取单纯的行政手段发展体育事业,"政府承担着从宏观到微观几乎全部的体育事务",从而形成了组织严密的体育行政管理体系,竞技体育"举国体制"就是这一体系的集中表现。体育体制改革是一种权利和利益再分配,关键在于政府向社会让权、还权②。"举国体制"起源于我国计划经济体制下竞技体育极强的政治目标需要及集中管理体制,意指"以国家利益为最高目标,动员和调配全国有关的力量,包括精神意志和物质资源,攻克某一世界尖端领域或国家级特别重大项目的工作体系和运行机制"。

我国实施市场经济体制改革以来,竞技体育虽然长时间脱离于改革大环境之外,但竞技体育自身所蕴含的大量市场经济因素使其逐渐显现出"私益"特征,最显著的特征就是我国竞技体育"外部利益"的出现。外部利益是指在现行体制下所不可能获得的那一部分利益,通常是指在当前政府指导运行的体制下不可能获取的利益,具有潜在性及前瞻性。外部利益的存在是体制改革的重要动力因素。计划经济体制下我国竞技体育资源全部为政府掌控,政府以外的社会主体无法获得所需的生产资料,也就无法从事竞技体育的市场开发与经营。

随着社会转型的深入、市场化进程的加快,各种各样的竞技体育市场主体逐渐出现,这些主体的出现意味着政府独占资源的局面被逐渐打破。同时这些市场主体都有一个共同特点,即追求私益的逐利本性,并且有着自身利益扩大化的需要。一方面政府以外的市场化主体有着不断增长的利益需求,另一方面我国社会转型的重要特征之一就是政府主导的"渐进型"改革,因此,现有体制总是难以满足市场化主体的逐利需求。换句话说,也就是这些市场主体总是在追求现有体制外的,并且有着实现可能的那部分利益。从我国竞技体育改革的进程来看,通过政府主导改革,向社会下放竞技体育的部分管理权、经营权等,吸引越来

---

① 梁晓龙,鲍明晓,张林. 举国体制与我国竞技体育发展战略及现状 [J]. 体育科研, 2006 (1): 13.
② 吕树庭,商执娜. 北京奥运会后中国体育管理体制改革的思考 [J]. 武汉体育学院学报, 2010 (7): 9 – 15.

多的市场及社会主体参与竞技体育生产，使原先计划体制下的竞技体育资源存量大幅度地增加。

竞技体育所蕴涵的无比巨大的"外部利润空间"——职业联赛市场化、商务中介以及其他获得私益的空间——吸引着越来越多的市场主体投入竞技体育。由于理性逐利人的特点，市场化主体参与竞技体育的根本目的还是为了获得经济利益。从根本上来说，政府体育部门同样也是由"理性逐利人"所组成，除了公益性服务目标之外，同样有着自己的逐利愿望。政府体育组织所追求的私益包括个人利益与小集团利益等。而政府体育组织要获利，同样需要对资源产权的把握及控制，而进一步的放权改革意味着政府体育部门将开始失去其藉之以获利的那一部分"产权"，或者说是藉之以"寻租"的基本条件。因此想要政府体育组织主动放弃逐利目的是有困难的。此时就出现了市场经济体制所固有的现象——利益分化及利益博弈。利益分化虽然是市场经济体制的特点，但分化所带来的矛盾与冲突却在转型期对举国体制形成了冲击。最典型的如我国开展职业足球联赛以来，俱乐部与足协的利益矛盾就从未停止过。政府体育部门与市场主体逐利愿望不符，从而在项目管理中心、国家队、中介商、广告商及赛事经营商之间出现了许多利益矛盾[①]。20 世纪 80 年代对"落后的运动技术水平与走向世界的战略目标要求"是制约体育发展主要矛盾的判断，为竞技体育适度超前发展战略与"举国体制"的形成奠定了基础。20 世纪 90 年代，根据"正在变化的经济基础与现行体育体制的矛盾"的定位出台了《关于深化体育改革的意见》[②]。在相当长的一段时间内，我国对体育主要矛盾的判断都是"广大人民群众日益增长的体育需求和社会体育资源相对不足之间的矛盾"[③]。

受我国体育体制改革的推动，转变原行政主管部门的职能和塑造好市场活动为主体突破口，目的在于促进职业化的发展和竞技体育市场的发展。体育改革的方向形成了以群众体育的社会化、竞技体育的职业化为主的两种路径。两者的共同目标就是适应社会主义体育市场经济的建设。提高项目竞技水平必须走职业化道路，让项目走向市场，有利于体育行政管理体制改革和运行机制的转换。这是在市场经济和体育运动发展的国际大形势下，我国体育体制改革的动态过程。职业化提高了竞技体育的商业化价值，推动体育表演和广告行业的发展。职业化使

---

① 黄毅，李建立. 社会转型期我国竞技体育利益整合与举国体制 [J]. 体育学刊，2006（3）：6-9.
② 熊晓正，钟秉枢. 新中国体育 60 年 [M]. 北京：北京体育大学出版社，2010：167.
③ 国家体育总局. 体育事业发展"十二五"规划 [N]. 中国体育报，2011-04-01（2）.

竞技体育作为一种可以观赏的商品，以其独特的价值，来满足广大人民群众精神享受的强烈需求。欧美职业体育运动以群众的业余体育为基础，与群众体育之间保持紧密相连的关系①。

我国职业体育源起于举国体制下的专业队体制，是经济社会体制改革的催生产物。1992年，邓小平同志南巡讲话明确了"姓资姓社"的问题后，体育系统内产业化改革应声提速，职业化议题顺应产生。

中国职业体育改革与发展的总体思路：以调整竞技体育结构为契机，以引导和激励大众性观赏为出发点，以提高职业联赛观赏质量、推进赛事品牌化运作、建立规范有序的职业体育监管体系为中心，将职业体育发展的内在规律和中国国情、体情相结合，依靠深化体育体制改革培养专业化人才战略，有重点、分阶段地推进职业体育的发展，走一条国际视野、本土洞察、中国实践的改革创新之路②。由于巨大外部利润的存在，中央政府与政府职能部门（当时国家体委）选择了强制性制度变迁。

1992年6月在北京红山口召开全国足球工作会议为主要标志。会议最终原则上同意了《中国足球运动改革总体方案》。这是中国足球改革的纲领性文件。1993年，中国足球协会起草了第一份职业体育文件《中国足球俱乐部条例》。在这个条例的基础上，形成了第一份有关足球俱乐部的文件《中国足球协会俱乐部章程（草案）》③。至此，对足球改革做出了统一的部署与制度安排。其中，中国足协的实体化，表明作为一个社会团体它具有了商业活动的合法性，允许职业足球俱乐部的成立，则表明企业主经营足球市场也具有了合法性。此两者逐步演化为足球市场主要的利益博弈主体。政府职能部门的预期收益是从无到有，企业主体的收益是从小到大。在政府强力推动下，改革的动力迅速形成转化，经过2年准备，1994年中国职业足球联赛顺利推出。

1994年，我国职业体育体制的设立，标志着拉开了体育向社会化、产业化发展的帷幕。我国体育体制开始迈向"增量改革"阶段，由政府主导的职业体育制度改革存在"诺斯悖论现象"，即政府既想使其在制度设计和相应制度安排上的垄断利益（政治收益和经济收益）最大化，又想节约交易成本，以促使社

---

① 钟秉枢. 职业体育——理论与实证 [M]. 北京：北京体育大学出版社，2006：1-99.
② 鲍明晓. 中国职业体育述评 [M]. 北京：人民体育出版社，2009：221.
③ 张宏宇，朱佳滨. 我国足球职业化改革的历史回顾与审视 [J]. 哈尔滨体育学院学报，2007，25（2）：36.

会资本进入职业体育并使其产出最大化。这种现象的客观存在性，决定了我国职业体育制度变迁动力的表现形式为"主体间的权力与利益的博弈"。由于社会环境和体制转型方式等因素的约束，我国职业体育制度从建立伊始就自然形成了既相互依赖，又相对独立的两大利益主体，即具有体育赛事生产决策权的职业体育管理部门和直接生产体育观赏产品的职业体育俱乐部。在以政府主导方式进行的制度改革情况下，职业体育管理部门相比职业体育俱乐部在制度设计和确定制度安排上具有权利的绝对优势。由此，上述两大主体的利益结构存在非均衡的状态将是一种必然结果。这种由权力结构的非对称而产生的利益结构非均衡，为两大主体间权力和利益的博弈设置了前提[1]。

体育改革是一种权利和利益的再分配，而权利和利益的归属，决定了体育及其管理体制的性质和形态。在计划经济体制下，体育利益主体单一，其体育治理结构是一种依附行政权力架构的纵向单一治理，国家是体育资源与利益分配的主要决策者[2]。党的十一届三中全会以来，体育曾经历过两次重要的改革。1988年，原国家体委《关于体育体制改革的决定（草案）》对体育改革做出全面部署，其指导思想集中体现了国家把"调动各方面力量办体育"作为体育体制改革方向的基本判断。1993年，原国家体委下发《关于深化体育改革的意见》，对深化体育改革做了全面部署，提出了建立与社会主义市场经济体制相适应的体育体制与运行机制。

在我国职业体育改革实践中，由于体育资源的稀缺性、体育需求的多样性及体育利益分配的倾向性，导致了各种性质的体育利益矛盾[3]。长期以来，我国职业体育所遵循的是以政府为主导的单一的利益分配机制，这一机制主要以满足政府投资职业体育的动机为主，没有充分考虑到市场主体（俱乐部、赞助商、球迷）的利益需求[4]。尤其是政府、足协和俱乐部之间的利益冲突未得到根本性解决，诸如权利寻租行为、违背市场规律的投资、恶性竞争和虚假合同、假球赌球等市场秩序紊乱问题依然十分突出。

---

[1] 张兵. 基于组织演化的西方职业体育联盟特质研判与中国建设逻辑探寻 [J]. 天津体育学院学报, 2015（1）: 29 – 34.

[2] 李艳翎. 论我国竞技体育体制的渐进式改革 [J]. 体育科学, 2002（1）: 27 – 30.

[3] 董红刚, 方新普, 等. 结构紧张: 体育利益均衡的一个内在焦虑 [J]. 武汉体育学院学报, 2012（9）: 12 – 15.

[4] 许延威, 于文谦. 我国职业体育的制度结构失序与产权结构治理 [J]. 沈阳体育学院学报, 2013（3）: 12 – 16.

职业体育作为商业化、市场化的体育活动，其利益博弈具有投资主体多元化、利益格局复杂化，利益冲突与整合常态化的特征。我国职业足球发展过程中出现了众多的利益主体及多样化的利益需求，不同利益主体之间形成了纷繁复杂的利益关系，而利益博弈格局的不均衡和利益部门化、利益权利化、权利法律化的存在，使政府、协会、俱乐部之间产生了不合理的利益摩擦，职业足球俱乐部官员、职业足球教练员、职业足球运动员和球迷群体等社会经济个体之间，以及这些利益主体与政府、协会和俱乐部之间的利益冲突也未得到根本性解决，由此产生的上述市场秩序紊乱问题依然十分突出。

缘起于举国体制背景下以政府为主导将足球推向市场化运作的体育改革，必须要处理好足球改革中的利益博弈问题。解决这一问题的关键是要协调各方利益主体需求与矛盾，构建一种适合于本土职业足球发展的良性治理机制[①]。在我国现实政治中，国家与社会之间的利益传导，利益秩序构建机制是复杂的，某一政治体系可能是以上数种模型的混杂。影响我国足球改革利益冲突的因素是多方面的，既包括利益机制失衡、利益相关者关系复杂、内部治理结构混乱，又包括市场化与法制化程度较低等问题。中国足球改革作为我国深化体育改革的重要内容，现实中的利益博弈问题已经成为并将继续成为国内外学者研究的热点议题。深化足球改革，必须走协同治理的实践路径。协同治理意味着积极转变政府职能，简政放权，协调联赛各利益相关主体的关系，提升各利益主体的自治能力，在各方共同参与、相互合作的公平环境中实现利益最大化。

在我国职业体育的发展过程中，由于采用了"双轨"并存的体制，在市场机制无法完全实现职业体育资源配置的情况下，体育主管部门通过行政职能来协调资源的配置，以保证流动秩序和有效性的行为。由于职业体育俱乐部在现有的制度设计和制度安排上难以获得其预期收益，有些体育俱乐部便利用"双轨制"下的制度真空，通过一些机会主义行为，降低其交易成本，以获得最大化效益。这种行为不仅破坏了职业赛事的市场秩序，而且很大程度上导致职业体育俱乐部之间"成本－收益"规律的消失，致使资本所有者（或资本代理人）心理失衡和利益受损。为了维持自身的既得利益（尽管国有资本代理人对"成本－收益"心理约束相对软化，但总存在一个阈限，当亏损超过该阈限时，将形成失去其资本代理人身份的威胁，为规避其自身的风险，必定会采取相应的行动），他们会

---

① 李艳翎. 论我国竞技体育体制的渐进式改革 [J]. 体育科学, 2002 (1): 27-30.

◎ 职业体育利益博弈的协同治理机制研究

通过各种方式形成一种"逆向行动集团",采用他们认为"合理"的方式对职业体育管理部门的已有制度安排提出调整的诉求,并试图获得参与调整制度的权力。我国职业体育制度调整的博弈核心是围绕着两大主体由利益矛盾所引发的制定规则的权力结构的调整而展开的;由于渐进式改革的规定性,职业体育制度调整是伴随着两大主体"权利的矛盾冲突到阶段性均衡,再出现新的权利矛盾冲突到新的阶段性均衡"的循环博弈而实现的[1]。国家体育利益是国家利益在体育领域的具体化。国家体育利益,是指一个国家在体育领域里显现的国家利益和国家需求,是一国体育硬实力与体育软实力相互作用的综合体现,它反映了国家意志和国家行为。国家体育利益的行为主体是国家,与个人、企业、集团相比,政府更适合扮演"国家"这个重要角色。在我国,通常是借助政府制定的体育发展战略、体育规划、体育政策及体育行为来体现国家需求,实现国家利益。它同时提出国家体育利益主要包括大众体育、竞技体育、体育产业、体育科教、体育文化、体育发展战略、组织与动员 7 个方面的利益[2]。

在体育改革领域中,体育利益关系失调和体育利益分配失衡是体育利益格局结构紧张的主要表现。体育利益格局结构紧张是体育利益失衡的结果之一,又是造成体育利益矛盾的根源,而体育利益分化加剧、体育制度重组滞后是造成体育利益格局结构紧张的根本原因。在体育利益调整过程中国家体育总局发挥着主导作用,是构建体育利益相对均衡制度安排的顶层设计者[3]。竞技体育的公益性表现为国家利益、为全社会创造精神文明财富,对于一个国家来说,竞技体育的国家利益性质也可视为公益范畴。竞技体育的物质利益一般表现为财产及实物形式,如工资、报酬、奖金、奖品及其他实物形式的奖励等。精神利益则指非实物形式,表现为主体通过参与竞技体育获得的个人价值的实现,如通过参与竞技体育所带来的成就感、满足感、自豪感等。对竞技体育利益的划分都有"公益"与"私益"的问题。"公益"指的是竞技体育作为"准公共物品"具有的公益性,这种公益性基本上是不可分割的,代表了全社会的共同利益,可以为全社会的人群共享。而"私益"则指竞技体育为个体所带来的物质及经济利益,是可以分割并且私人归属权明确的。竞技体育的公益性表现为国家利益、为全社会创

---

[1] 丛湖平. 我国职业体育制度调整的动力表现形式——主体间的权利博弈 [J]. 体育科学, 2005 (6): 1.

[2] 黄莉. 国家体育利益拓展与发展趋势研究 [J]. 武汉体育学院学报, 2016 (6): 6 – 9.

[3] 董红刚. 结构紧张:体育利益均衡的一个内在焦虑 [J]. 武汉体育学院学报, 2012 (9): 12 – 13.

造精神文明财富，对于一个国家来说，竞技体育的国家利益性质也可视为公益范畴。我国竞技体育一直具有极强的公共利益性质，表现出极强的国家利益及社会公益属性，长期以来一直被视为是"完全公共物品"，其私益领域在计划经济体制下并不被认可，或居于次要地位。

体育领域中的利益冲突是指体育管理人员所代表公共的角色、责任、义务与个人的角色、责任、义务之间发生的冲突。我国体育在职业化进程中，出现了公共责任与个体利益不断冲突的局面，导致政府体育主管部门、足协、教练、运动员等受到公众的关注和强烈批评。利益分化虽然是市场经济体制的特点，但分化所带来的矛盾与冲突却在转型期对举国体制形成了冲击。最典型的如我国开展职业足球联赛以来，俱乐部与足协的利益矛盾就从未停止过。从我国职业体育利益主体的需求分析，主体的利益需求是不同的。单项协会的利益需求依次为：国家队优异成绩、健康的竞赛环境、获得社会效益、获得经济利益、打造联赛品牌、培养后备人才、打造明星运动员；职业体育俱乐部的利益需求依次为：球队获取优异成绩、扩大俱乐部影响、获取经济利益、健康的竞赛环境、打造明星队员、培养后备人才。单项协会与体育俱乐部是管理与被管理的关系，其中产权的纠结和争夺，是双方冲突的焦点之一。我国单项协会的政绩观使其以追求国际成绩大赛为首，俱乐部的资本观则使其追求球队成绩为首，健康的竞赛环境、社会影响、经济利益、明星球员打造和后备人才培养是其共同的利益需求。我国单项协会与俱乐部追求目标的错位导致行为偏差，双方博弈结果有利于产生能使双方均获得利益最大化的均衡解，减少冲突的产生，使联赛的产权、经营权、管理权等更加清晰。

第二节 国内外研究现状及述评

一、国内研究现状

(一) 关于利益相关概念的界定

1. 利益概念

天下熙熙，皆为利来；天下攘攘，皆为利往。"利益"一词源于拉丁语，意为"与人或事有关的、有影响的、重要的"。而在汉语里"利益"的词义就是"好处"。这是一个具有高度概括的释义，可以应用于任何情况。例如，讲个人利益就是对个人有好处，讲民族利益就是对民族有好处，讲国家利益就是对国家有好处。郑杭生（1996）认为："利益是处在生产力和人类需要一定发展阶段上的人们生存与社会活动的客观条件。"[①] 顾杰善（1995）认为："利益的本质涵义是作为需要主体的个人或群体、组织与需要对象之间的脱离状态得以统一，即需要得以满足。因为利益的形成、发展、获得都是以一定社会关系为中介，产生于一定生产方式基础之上，故可以解释为通过社会关系所表现出来的需要。"[②]

我们通常所说的"利益"都是指利益的客体，也即利益的表现形式。利益表现形式，一般来说可根据利益主体的不同划分为公共利益和私人利益；根据利益构成内容不同划分为物质利益和精神利益；根据利益所涉及的社会领域不同划分为政治利益、经济利益及文化利益；根据利益实现时间不同可划分为眼前利益及长远利益；根据利益范围的不同可划分为局部利益和整体利益；根据利益的重要程度不同可划分为一般利益和根本利益等。而物质利益及精神利益由于其典型代表性，常常被用作研究利益问题时的对象[③]。利益整合，就是对社会个体和集

---

① 郑杭生. 转型中的中国社会和中国社会的转型 [M]. 北京：首都师范大学出版社，1996：111.
② 顾杰善. 当代中国社会利益群体分析 [M]. 哈尔滨：黑龙江教育出版社，1995：7.
③ 黄毅，李建立. 社会转型期我国竞技体育利益整合与举国体制 [J]. 体育学刊，2006（3）：5-6.

团的利益进行调整，消除利益主体间的摩擦和冲突，使其协调和均衡，形成和谐统一的社会利益整体，包括肯定和保护社会成员的正当合法利益，约束逐利行为使之规范有序，取缔非法利益[1]。利益整合机制，就是调整不同利益集团之间及不同利益主体之间利益上的矛盾，使之成为一个统一的、具有明确一致利益主体，通过遵循一定的行为规范而团结协调，形成一个平衡的体系[2]。

追求利益是人类一切社会活动的基本动因，而利益差别则是社会矛盾产生的基础。正确认识和处理社会主义初级阶段的利益关系，是构建和谐社会的基础。利益可以分为经济利益、政治利益和文化利益。在政治经济学中所讨论的利益主要是指经济利益，即经济主体为了满足其需要实际占有的经济资源，具体可以分为物质利益和非物质利益。一个社会生产关系的特点，尤其是所有制关系的特点，决定了该社会经济利益关系的性质与特点，收入与分配制度是这一利益关系的特点和内容的具体体现。马克思认为，经济利益具有一定的历史性。这是因为：第一，生产关系尤其是所有制关系的特点，决定经济利益的特点。第二，经济利益总是在一定的社会关系中存在和发挥作用的。第三，由于经济利益及其运动总是由一定的社会关系特别是生产关系所决定的，从而表现出历史性[3]。

2. 利益集团

随着市场化改革的深入，我国社会利益群体的"自为"特征逐渐显现，学者们开始把西方的"利益集团"概念引入中国，分析中国的利益集团现象。在传统的意识形态中，社会主义国家人民的利益是高度一致的，强调个人利益服从集体利益，局部利益服从国家利益，所以不存在产生利益集团概念的社会土壤[4]。"随着中国市场经济和民主政治的发展，中国社会利益集团正在生成、成长并发挥作用。"杨光斌提出"国家与社会关系理论是观察和研究中国政治的一个重要框架，利益集团是一个较好的切入点"[5]。利益集团已经活跃于中国政治、社会和经济生活之中，成为现代生活利益分化的必然产物，是一个需要正视的中性政治概念。在国内，"利益集团"是一个舶来品，长期以来并未构成人们理解

---

[1] 范新民，蔺丰奇. 社会转型期利益关系的变化及调节 [J]. 经济论坛，2003 (18)：80-85.
[2] 陈子舜. 利益运行机制探索 [J]. 社会科学研究，2005 (2)：32-35.
[3] 林木西，柳欣. 政治经济学 [M]. 西安：陕西人民出版社，2014：43-46.
[4] 张亚丽. 利益秩序重构的政治逻辑 [M]. 北京：中国社会科学出版社，2014：49.
[5] 杨光斌，李月军. 中国政治过程中的利益集团及其治理 [J]. 学海，2008 (2)：35.

社会利益关系的基础概念。1957年社会主义制度建立之后，国家利益、集体利益、个人利益等形成了理解社会利益关系的基本概念框架。其一，利益集团以特定群体共同的利益为存在基础；其二，利益集团基于共同的态度，形成了群体内部交往以及相应的组织；其三，利益集团是外在于政府体制之外的组织，它不同于国家体制内部的派系、部门；其四，影响政府政策过程是利益集团的重要目标，但它们并不谋求政府组织。在利益多元化的社会中，具有相似观点或利益要求的人组成的，通过参与国家整治过程，影响政府公共政策实现或维护其利益的社会组织[①]。

3. 国家利益

国家利益就是满足或能够满足国家以生存发展为基础的各方面需要并且对国家在整体上具有好处的事物。国家利益自然就源于国家主权，是国家的最高目标，国家行为的出发点和归宿[②]。从客体上看，一切满足或能够满足国家生存发展等方面需要并且对国家具有好处的事物，都是国家利益；任何国家利益也都是满足或能够满足国家生存发展需要并且对国家有好处的事物。当然，这种事物既可以是实体性的实物存在，也可以是过程性的事件存在；既可以是物质性的存在，也可以是精神性的存在；既可以是已经或正在满足国家需要的存在，也可以是能够满足国家需要的存在；既可以是现实的存在，也可以是潜在的存在。国家利益因此可以根据利益客体的不同分为不同的类型，例如，物质利益与精神利益、实物利益与过程利益、现实利益与潜在利益、当前利益与长远利益等。

从主体来看，国家利益只能是以国家为利益主体的利益。因此，国家利益虽然与政府利益、统治者利益、被统治者利益、国民利益等密切相关，并且在不同时代具有不同的复杂关系，但由于国家利益是以国家为主体的，因而不同于如上的任何一种利益，甚至在外延上属于具有全异关系的不同概念。当然，对于国家利益与这些不同主体的利益之间的现实关系，还需要根据其复杂多变的各种不同表现形式，历史地、具体地、客观地进行深入研究与分析。对于国家利益的产生，有两点必须注意：①国家利益不同于民族国家利益，民族国家及民族国家利益出现于近代西方这一事实，并不说明国家利益是在西方近代才形成的；②国家

---

① 张亚丽. 利益秩序重构的政治逻辑 [M]. 北京：中国社会科学出版社，2014：48.
② 百度百科. 国家利益 [EB/OL]. http://baike.baidu.com.

利益是客观的，它的产生或形成不以人们是否形成国家利益意识或国家利益观念为转移。

一些国际政治研究专家关于国家利益与政府利益等区别的论述，深刻地说明了统治者利益与国家利益的区别。但还有两点却被忽略了，一是统治者利益与国家利益不仅有区别，而且还有联系；二是国家利益与统治者利益的这种关系，并非专指民族国家利益与统治者利益之间的关系，而是包括了一切形式的国家利益与统治者利益之间的关系。利益整合，就是对社会个体和集团的利益进行调整，消除利益主体间的摩擦和冲突，使其协调和均衡，形成和谐统一的社会利益整体，包括肯定和保护社会成员的正当合法利益，约束逐利行为使之规范有序，取缔非法利益①。

"国家"是指国家内部的统治机构或政权机构，通常也称为政府。政府，首先是一个政治学概念，是国家实施公共政策的权威机构。国家作为统治机构，其基本功能是运用权力对生产或消费征税来满足国家统治的需要，提供社会公共服务。政府介入经济领域也是以实现某种政治目标为目的的，如保护财产权力、监督契约执行、促进经济发展、保持社会稳定、解决社会问题等。众所周知，市场机制对人类经济生活的支配并非处处如意，特别是在宏观领域。由于信息不对称导致的市场失灵问题，使政府公权对市场干预不可或缺。市场失灵是国家干预经济行为的合法理由，事实上，凡是市场经济发展较好的国家，政府都曾大有作为。在国内事务中，政府合法地管理人民，公正地处理社会各种利益矛盾与冲突，以及作为中央权利处理与其他国内法人的关系。涉及国家整体利益的事情，往往是政府主权范围内的事情。国家利益是国际关系学中的一个核心概念，是相对于其他国家而言的基本的需要和欲求及其在此基础上试图得到的国家发展和国际尊重②。政府的介入，有助于全球范围内降低税收，整合国际秩序，通过合法手段帮助国内企业获得公平的竞争机会。政府之所以被认为必要，是因为"国家及其代理人是唯一可以合法地强制他人做什么或禁止做什么的组织"，政府能够代表国家保障公民的合法权益，这也是社会公众接受政府的底线③。

国家利益在一定意义上应该是全体国人共同的公共利益，是任何一个公民作为国家平等的一员在概率上能够平等分享的公共利益。所谓"在概率上平等分

---

① 范新民，蔺丰奇. 社会转型期利益关系的变化及调节 [J]. 经济论坛, 2003 (8): 80-85.
② 高永久，岳天明. 论地缘政治格局中的国家利益 [J]. 西南民族大学学报, 2006 (8): 151.
③ 达仁道夫. 现代社会冲突 [M]. 林荣远，译. 北京：中国社会科学出版社, 2000: 26.

享",就是指每个人对国家所尽义务、所获利益等,在国家通过各种形式提供的可能性上,与其他人是完全相同的,而不依其先天的出身、地位、财富为转移,并且能够将后天形成的社会地位、财富、声望等方面差别对利益分享造成的机会不均保持在合理的范围之内。国家利益虽然在不同形式和不同程度上表达或代表着一国之内全体公民的公共利益,但国家利益既不等于全体公民的个人利益,也不等于全体公民的公共利益,最多只能说在一定意义上国家利益就是全体公民的公共利益,而不能在等同的意义上直接说国家利益就是全体公民的公共利益[①]。

4. 利益集团及其相互关系

国家利益不同于个人利益,国家利益也不同于集团利益。国家利益与国家内部的任何个人利益及任何形式的利益群体的利益都是有区别的。但是在注意到这一方面问题的同时,即国家利益总是以不同形式在不同程度上体现着公民的个体利益和公民的公共利益,并最终服从于公民利益。由于国家是由国家内部的国民个体及其他各种不同形式的社会群体组成的,公民整体是构成国家必不可少的四大要素之一,因而国家利益也就与这些不同利益主体的利益存在着不同形式和不同程度的不可分割的联系,它们之间相互包含并相互体现着对方。此外更应该强调的是,国家利益虽然不同于公民利益,但由于国家在本质上是为了实现公民利益而出现的社会共同体,因而公民利益便必然也应该成为国家利益的主要内容。在国家利益与公民利益发生严重矛盾和冲突时,改变和应该改变的以至解体和应该解体的,都只能是国家利益,而不应是公民利益。公民组成国家的根本目的是为为民自己,而不是为了无端组成和供奉这样一个社会组织。

总体来讲,国家利益、集体利益和个人利益具有根本利益的一致性。具体表现在:第一,社会主义公有制的存在奠定了三者利益一致性的基础。第二,集体的资产不断扩大,运营能力不断增强,才有可能为国家上缴更多的利税,为个人提供更高的报酬。第三,个人利益是国家利益和集体利益的具体表现。只有个人收入水平不断提高,人们安居乐业,劳动的积极性和创造性才能不断发挥出来,国家利益和集体利益才得以实现。第四,国家利益和集体利益是个人利益的物质支柱。国家有足够的经济实力才能改善整个社会的基础设施,为低收入的社会群体提供公共服务。在根本利益一致性的基础上,国家、集体和个人在具体利益上

[①] 耀桐. 利益集团就是利益群体吗? [N]. 人民日报, 2007-01-08 (8).

存在差别性。主要是因为：第一，三个利益主体的存在是具体利益的差别性的基础；第二，产权归属、运营，劳动力产权是三者利益差别性的依据；第三，分配总量一定、三者利益此消彼长、此多彼少是具体利益差别性的表现。但是，社会主义国家利益、集体利益和个人利益的差别具有非冲突性。具体表现为：第一，从实质上说是整体利益和局部利益的差别。相对来说，集体和个人更倾向于局部利益，国家更注重整体利益。第二，从时间上看是长期利益和短期利益的差别。国家更重视长期利益的考虑，集体和个人更注重短期利益。第三，从操作上来看"分蛋糕"和把社会财富这块蛋糕做大的关系，二者之间实际上并无本质上的区别。

5. 利益冲突

利益冲突是指个人自己的个人利益与公共义务之间产生了冲突。这种冲突包括角色冲突和各种权力资源之间的紧张关系；但这些冲突中较典型的是为我们提供了滥用公务谋取私利的机会。利益冲突可描述为当个人利益与个人行为发生冲突时，为了增加其他人的利益时，个人有义务采取行动干预所述的利益。孔祥仁、李雪勤把利益冲突界定为政府官员公职所代表的公共利益与其个人自身具有的私人利益二者之间的抵触、违背和侵害[1]。过勇认为，利益冲突是公职人员利用职权，为自己或亲属的经营活动提供方便的行为；利益冲突与渎职、受贿、挪用公款、贪污、巨额财产来源不明等是我国经济转轨期间腐败的十大类型之一[2]。杨宇冠等人在理解《联合国反腐败公约》精神的基础上认为，利益冲突是指政府官员担任的公职所代表的公共利益与个人自身所具有的私人利益二者之间的抵触和矛盾[3]。

6. 利益博弈

利益主体在追求成员的集体利益时是相互包容的，如处于同一行业中的公司在向政府寻求更低税额以及其他政策时利益就是相容的。相容性的利益博弈是一种整合博弈。而排他性的利益主体在追求利益时是相互排斥的，各主体之间是一

---

[1] 李雪勤. 民主与改革 [M]. 北京：中国方正出版社，2001：300.
[2] 过勇. 经济转轨、制度与腐败 [M]. 北京：社会科学文献出版社，2007：334.
[3] 杨宇冠，吴高庆.《联合国反腐败公约》解读 [M]. 北京：中国人民公安大学出版社，2004.

种零和博弈[1]。我国当前所进行的体制改革，从根本上说就是利益结构的重新调整和利益关系的重新界定[2]。在我国的经济体制改革、社会结构的转型和社会利益冲突三者间存在一个逻辑关系，即从利益一元到利益多元再到利益冲突。利益冲突促成了各社会主体在"改革—多元利益—利益冲突—利益协调—制度创新"的利益关系模式中的博弈、相互作用、相互制约、协调发展[3]。转型期所进行的种种体制改革及制度创新都是各利益主体进行利益博弈所带来的利益格局的调整、利益结构的改变及利益的重新分配。利益既是改革的起点——改变不合理的利益格局，又是改革的归宿——形成更有利于生产力发展的利益格局[4]。社会转型的具体内容至少应该包括结构转换、机制转轨、利益调整和观念转变，而且这种转型的实现主要是通过发展生产力和确立新的社会经济秩序来完成的[5]。合作博弈是解决合作利益分配的重要方法之一，核心工作主要是围绕求解"合理分配"，即静态合作博弈的解。合理的利益分配有以下两个条件：①集体利益，即参与合作的社会整体效用最优；②个体理性，即参与合作的联赛各个主体所获得的分配是在合作中的最优效用[6]。

（二）关于职业体育利益博弈及其治理的研究

1. 对职业体育利益相关者分类和识别的研究

我国职业足球联赛中包括了政府职能部门、国家运动项目协会、俱乐部、投资者、球迷等多种利益主体[7]。袁春梅（2008）将我国职业联赛的利益相关者分为国家项目协会、运动员、教练员3种，并在分析各自利益述求之后提出完善分

---

[1] 曼瑟尔·奥尔森. 集体行动的逻辑 [M]. 陈郁，译. 上海：上海三联书店、上海人民出版社，1990：50.
[2] 李庆华. 我国社会转型期的利益整合问题 [J]. 中共中央党校学报，2003（3）：39-45.
[3] 陆平辉. 利益冲突的理念与实证分析 [J]. 南京社会科学，2003（9）：62-66.
[4] 姚先国，郭继强. 经济转型中的利益协调与利益补偿 [J]. 浙江学刊，1996（5）：60-64.
[5] 文军，朱士群. 分化与整合：加速转型期中国社会稳定性分析 [J]. 科技导报，2000（12）：22-25.
[6] 胡石清. 社会合作中利益如何分配——超越夏普利值的合作博弈"宗系解" [J]. 管理世界，2018（6）：83-88.
[7] 许彩明，冯维玲. CBA 职业体育俱乐部利益相关者分析 [J]. 西安体育学院学报，2013（1）：62-66.

配制度、建立交流平台、倡导正确的利益观点等协调措施[①]。陈存志（2010）则认为职业俱乐部的核心利益相关者是股东、管理者、运动员和教练员。同时指出要完善利益界定和表达机制，完善利益分配机制，强化利益诱导约束机制的角度寻求职业体育俱乐部核心利益相关者的利益冲突协调机制[②]。胡鑫晔（2011）认为，我国职业足球中的六大利益主体包括：国家体育总局、单项运动协会或称运动项目管理中心、俱乐部、大众传媒、赞助商、观众[③]。崔鲁祥（2012）认为，我国职业足球利益相关者包括俱乐部、教练员、运动员、裁判、联赛商业运作机构、国家运动项目协会以及政府相关职能部门，也包括传媒、受众、赞助机构、广告机构、比赛场馆、中介等利益主体[④]。梁伟（2016）认为，我国职业足球联赛的核心利益相关者包括政府、俱乐部、国家运动项目协会、联赛运动机构、地方政府、广告商、赞助商7个主体[⑤]。以上学者的研究对中国职业足球利益相关者界定是较为全面与整体的界定。但对职业足球利益主体范围的识别也不易太宽泛，通过比较可以看出，"政府、足协、俱乐部、赞助商、球迷"是影响职业足球发展的核心利益主体。

除了对各利益主体进行识别外，对利益主体的分类也非常重要。舒成利（2006）将中国职业足球利益相关者分为以下6种：供给方的单项协会、俱乐部、行业人员，需求方的球迷、转播传媒与地方团体[⑥]。崔鲁祥（2012）依据量表测量法，将中国职业足球利益相关者分为核心、中间与边缘3种。其中核心利益相关者包括俱乐部、协会、运动员、教练员；中间利益相关者包括政府、裁判、媒体、观众、赞助商；边缘利益相关者包括广告商、中介与运营机构[⑦]。龚波（2013）认为，我国足球改革形成的利益集团包括：宏观利益集团（中央管理集团、体育总局、中国足协、资本集团）与微观利益集团（劳动集团、知识集团、球迷集团）两大类。利益群体有着各自的利益诉求，主要人员群体：中央政府官

[①] 袁春梅. 我国职业体育利益相关者的利益冲突与协调 [J]. 成都体育学院学报, 2008 (1)：11-14.
[②] 陈存志. 职业体育俱乐部核心利益相关者利益冲突及协调研究 [J]. 浙江体育科学, 2010 (4)：1-5.
[③] 胡鑫晔. 我国职业体育发展中的利益博弈 [J]. 体育文化导刊, 2011 (11)：144-147.
[④] 崔鲁祥. 中国职业体育利益相关者分析及协同治理 [D]. 北京：北京体育大学, 2012.
[⑤] 梁伟. 中国职业体育联赛利益机制构建及实现策略研究——以中国职业足球联赛为中心 [M]. 北京：北京体育大学出版社, 2016：9-45.
[⑥] 舒成利. 从利益相关者管理理论看我国职业足球产业的发展 [J]. 成都体育学院学报, 2006 (3)：21.
[⑦] 崔鲁祥. 中国职业体育利益相关者分析及协同治理 [D]. 北京：北京体育大学, 2012.

员、官员与行政人员（执政合法化、竞技体育政绩、足球竞技政绩）；投资人与高管（资本投资与收益）；运动员、教练员（竞技活动与生存）；媒体人士（知识解读与传播）；关注足球的各社会群体（精神与物质消费）①。许彩明（2013）从重要性、主动性、紧急性、合作性与威胁性等维度对 CBA 职业体育俱乐部主要利益相关者的关系进行了探讨②。研究结果表明：①CBA 俱乐部管理层紧急考虑的利益主体包括球员、教练员和股东利益；②CBA 职业体育俱乐部应积极与球员、教练员和新闻媒体、赞助商、球迷协会建立利益关系；③体育经纪人与 CBA 职业体育俱乐部的合作潜力大且威胁性也大；股东、赞助商、媒体、俱乐部所在社区与俱乐部合作潜力大、威胁性小；球员和教练员既表现出机会型特征，又表现出摇摆型特征；当地政府表现出机会型和提防型特征；裁判员被认为是威胁性大且合作性小的利益相关者。

陈治（2016）借助 Mitchell 评分法，对利益相关者就其权力性、合法性与紧急性量化评分，最终将职业足球利益相关者分为以下 3 类：核心利益相关者（政府、俱乐部、中国足协、联赛运作机构）；蛰伏利益相关者（赞助商、地方政府）与边缘利益相关者（广告商）③。虽然"解决利益冲突的方式在于协调利益主体的相互关系"已经形成了研究共识，但是利益相关者理论只是做到了对利益主体的基本分类和识别，对于利益主体关系协调的命题探究并不足够。

2. 关于职业体育的利益冲突的研究

关于我国职业足球利益冲突相关问题的研究，可以概括为以下 3 类。

第一类侧重于对职业足球改革多元利益相关者与单一利益分配机制之间矛盾的分析。我国足球职业化改革催生了政府、俱乐部、足协、赞助商、球迷、观众等多元利益相关主体④。这些利益主体在身份地位与权力上存在不平等，各自利益需求也存在较大差异⑤。从联赛职业化改革前后利益主体多元化视角，分析联

---

① 龚波. 足球改革进程中的利益冲突与兼容 [J]. 武汉体育学院学报，2013（2）：66 - 70.
② 许彩明. CBA 职业体育俱乐部利益相关者分析 [J]. 西安体育学院学报，2013（1）：62 - 66.
③ 陈治. 论中国职业足球联盟构建路径 [D]. 江西：江西财经大学，2016.
④ 许彩明，冯维玲. CBA 职业体育俱乐部利益相关者分析 [J]. 西安体育学院学报，2013（1）：62 - 66.
⑤ 崔鲁祥. 中国职业体育利益相关者分析及协同治理 [D]. 北京：北京体育大学，2012.

赛利益主体多元化利益需求与利益分配机制单一的矛盾①。

第二类主要是对利益主体结构及关系的探讨。行政主导型职业体育联盟下竞技体育利益内部博弈的制约瓶颈表现为核心利益失衡，职业联赛利益主体格局矩阵结构表现为核心利益、蛰伏利益与边缘利益之间的博弈关系，蛰伏利益成为一种"畸形的文化现实"，边缘利益内部存在动态博弈权衡利益风险②。中国职业足球改革利益冲突的主要特点体现在利益集团的形成与多元分化、效用价值的分化、利益关系的多重扭曲、改革代理者的孤立化③。具体表现为不同利益主体利益关系复杂，利益博弈格局的不均衡和利益部门化、利益权利化、权利法律化的存在，使政府、协会、俱乐部之间产生了不合理的利益摩擦④。如按照地位身份的不同，俱乐部、中国足协、运动员、教练员是联赛的核心利益主体；政府、裁判、媒体、观众、赞助商为中间利益主体；广告商、中介与运营机构为边缘利益相关者⑤。按照权力大小值分析，足协对联赛利益分配影响较大；从合法性权值来看，中国足协对利益机制的影响起主导作用；从紧急性的权值来看，政府、中国足协与俱乐部的利益诉求是要着重考虑的。债权人对公司制职业体育俱乐部的发展具有重要作用，而认缴资本制度的确立削弱了其债权人利益保护，主要体现在债权人知情权保障不足、俱乐部财产独立面临挑战、刑罚保护手段"除刑化"、公司法人则否认制度缺乏适用空间，以及退出阶段债权人保护难以实现等方面。通过建立健全俱乐部信用机制、强化俱乐部管理、建立俱乐部解散公告登记制度、加强俱乐部债权人自我保护等策略完善对俱乐部债权人利益的保护，以充分发挥俱乐部债权人角色作用。

第三类研究集中于对联赛利益冲突背后的因素分析。如鲍明晓（2001）从制度体系建设滞后、联赛运营成本失控、利益相关者的利益关系不协调3个方面强调了中国足球利益博弈的问题⑥。舒成利（2006）认为，足球产业利益相关者短期利益导向严重，产业发展思路模糊，各利益相关者谋求自身利益最大化而产生

---

① 梁伟. 中国职业体育联赛利益机制构建及实现策略研究——以中国职业足球联赛为中心 [M]. 北京：北京体育大学出版社，2016：10.
② 王月敏，何胜保. 试论我国竞技体育利益主体的博弈 [J]. 体育文化导刊，2014（3）：100.
③ 梁伟. 基于资本权力错配与重置的中国足球超级联赛股权管办分离研究 [J]. 体育科学，2013（1）：17-22.
④ 梁晓龙. 我国体育职业化改革中几个基本理论问题的思考 [J]. 体育文化导刊，2005（4）：8-10.
⑤ 崔鲁祥. 中国职业体育利益相关者分析及协同治理 [D]. 北京：北京体育大学，2012.
⑥ 鲍明晓. 关于建立和完善新型举国体制的理论思考 [J]. 天津体育学院学报，2001（4）：48-52.

相互恶性博弈行为，最终导致行业整体利益受损是造成目前现状的根本原因①。郑志强（2008）借助文献资料和逻辑推理以及模型构建方法，分析中国职业足球联赛的共有产权。认为交易成本的存在使职业联赛产权被分割给不同的权利者。理论上中国职业足球联赛的产权是一种国有产权，但由于作为主要参与者的俱乐部的深度介入，职业联赛产权必然被分割给协会和俱乐部，职业联赛产权实际上成为一种共有产权，因此，制订一个合理的剩余索取权的分配比例是解决中国职业足球联赛问题的关键②。张琴（2012）提出，中国足球改革现状表明强烈的利益冲突存在，成因在于渐进改革的路径选择与制度缺陷累积。从宏观视角探讨职业体育利益冲突的诱因在于市场经济的催化、管理体制改革、利益结构分化及其职业体育内部利益失衡所致③。

张兵（2017）对中国职业足球市场环境与联赛利益博弈关系进行了分析。研究认为：中国足球的职业化改革是在传统计划体制的背景下展开的，固有制度结构缺陷与矛盾的不断累积导致中国的足球市场是一个有限度、低层次的市场，市场经济的价值规律与竞争机制是逐步认识与推进的，市场的资源配置与社会分配机制是多轨的、扭曲的，利益冲突难以得到遏制。中国足球改革现状表明强烈的利益冲突存在，成因在于渐进改革的路径选择与制度缺陷累积。利益冲突的主要特点体现在利益集团的形成与多元分化、效用价值的分化、利益关系的多重扭曲、改革代理者的孤立化。20多年的中国竞技体育职业化改革培育了不同利益主体的形成，多元化的利益主体格局已然形成，这意味着会存在差异和多种多样的利益要求，而利益要求的差异必将导致不同利益主体之间出现利益差别。当前我国职业体育联赛存在利益主体的多元化利益要求与单一性利益机制不协调的特征，这正是职业联赛利益机制实际运营中的缺陷表现④。

3. 中国足球利益冲突的治理对策研究

一是基于政府职能转变视角的研究。国内学者基本都是从政府职能转变以及

---

① 舒成利，周小杰. 从利益相关者管理理论看我国职业足球产业的发展［J］. 成都体育学院学报，2006（3）：21-24.
② 郑志强. 中国职业足球联赛的产权分析及其利益分配［J］. 天津体育学院学报，2008（6）：483-486.
③ 张琴. 我国体育利益冲突分析［J］. 体育文化导刊，2012（9）：9-12.
④ 梁伟. 中国职业体育联赛利益机制构建及实现策略研究——以中国职业足球联赛为中心［M］. 北京：北京体育大学出版社，2016：10.

充分发挥市场作用,从而合力促进我国职业联赛发展的角度作为逻辑起点。研究目的也都是为了解决我国职业体育联赛当前"不职业、伪职业"等问题。鲍明晓(2001)认为,举国体制的改革完善,应当以国家使命和群众体育利益为最高目标,以政府充分发挥主导作用为根基,凝聚政府、社会、市场三方合力,以政府拨款和市场注资共同驱动的方式形成新型体育管理体制和运作模式[①]。李元伟(2003)认为,举国体制的本质特征是在于政府在体育事业发展中发挥主导作用,所谓的要完善举国体制,并非是指要完全脱离政府的管控,而是要协调和规范政府的行为[②]。王庆伟(2005)认为,我国的职业联赛正在由政府行政垄断的体育组织向行政主导型的职业体育联盟进行转变,要使这种转变达到预期效果,首先是要转变政府的工作职能,其次还要加强针对职业体育领域的立法和制度安排设计,这是我国职业体育联赛俱乐部真正能够成为自负盈亏、自主发展的体育企业的重要基础[③]。尹立海(2005)认为,在我国当前的社会政治经济现状框架中,政府依然是中国竞技体育资源的主要供给者,政府功能的发挥效果影响着中国奥运战略的有效实现。同时,他认为我国现阶段对于成立社会组织的法律、法规以及社会体育组织发育不足的现实决定了在中国成立职业体育联盟还需要继续的研究论证[④]。

二是基于市场机制的研究。张琴(2012)从更为宏观的视角探讨了当前我国体育利益冲突的诱因在于市场经济的催化、管理体制的变化、人活动空间的多元化、社会利益结构的分化以及体育内部利益分配失衡,利益关系的协调具有促进体育稳定发展的积极作用,是体育可持续发展的重要保证[⑤]。政府主导的职业联赛改革模式已经成为共识,当前更为重要的是要明确清晰政府在改革中的角色扮演和行为边界,以此整合社会和市场的力量,从而为中国体育事业的可持续发展提供科学、有效的制度保证。

三是基于产权改革问题的研究。郑志强(2008)认为,交易成本的存在使职业联赛产权被分割给不同的权利者。理论上中国职业足球联赛的产权是一种国有产权,但由于作为主要参与者的俱乐部的深度介入,职业联赛产权必然被分割给

---

① 鲍明晓. 关于建立和完善新型举国体制的理论思考 [J]. 天津体育学院学报,2001 (4):48 – 52.
② 李元伟,鲍明晓. 关于进一步完善我国竞技体育举国体制的研究 [J]. 中国体育科技,2003,8 (39):1 – 5.
③ 王庆伟. 我国职业体育联盟的理论研究 [J]. 体育科学,2005,5 (25):87 – 94.
④ 尹立海. 我国建立职业体育联盟的可行性分析 [J]. 上海体育学院学报,2005 (4):45 – 49.
⑤ 张琴. 我国体育利益冲突分析 [J]. 体育文化导刊,2012 (2):9 – 12.

协会和俱乐部，职业联赛产权实际上成为一种共有产权，因此，制订一个合理的剩余索取权的分配比例是解决中国职业足球联赛问题的关键①。唐峰认为，体育俱乐部要做出一项决策是一个非常复杂的过程，因为决策很可能会造成不同群体之间的利益冲突（如运动员、体育爱好者、社区、企业、媒体之间的利益冲突）以及影响到自己的利益。中国足协和俱乐部的矛盾源于对中国职业足球联赛的产权截然不同的认识，俱乐部认为他们投资兴办了俱乐部，并作为参加联赛的主体，理应获得联赛的产权，而足协对此的认识正好相反。中国职业足球联赛的产权是一种国有产权，其主要代理人是足协，但各个俱乐部作为联赛的主要参与者必然分享联赛的部分产权。"足球管理机构同时具有体育行政部门和社会团体的双重组织特征，这种矛盾使足球管理系统的发展取向难以预见，因而管理过程本身具有较为明显的短期性，缺乏长期性规划和战略运筹的导向"②。舒成利（2006）认为，足球产业股东短期利益导向严重，产业发展思路模糊，股东谋求自身利益最大化而产生相互恶性博弈行为，最终导致行业整体利益受损是造成目前现状的根本原因③。黄涛（2009）认为，中国足协与足球俱乐部博弈的原因包括三个方面：①利益失衡。足协政绩饥渴与俱乐部资本诉求的矛盾；②制度缺陷。足协高度集权与俱乐部权利萎缩的不和谐；③责任推诿。足协监管不力与俱乐部利益短视的恶果④。张琴（2012）认为，中国足球改革现状表明强烈的利益冲突存在，成因在于渐进改革的路径选择与制度缺陷累积。从宏观视角探讨职业体育利益冲突的诱因在于市场经济的催化、管理体制改革、利益结构分化及其职业体育内部利益失衡所致⑤。

四是基于管办分离改革的相关对策研究。管办分开，职能明确，能充分调动各方参与的积极性，构建具有中国特色的职业足球管理体系，运行机制，通过管办分离改革，逐步解决好职业联赛的管理、决策机制，资源配置的问题。

2012 年《中国足球职业联赛实施管办分离改革方案》提出，要将中超联赛"管"的权利归属于中国足球协会下设的职业联赛理事会，"办"商务运作的权

---

① 郑志强. 中国职业足球联赛的产权分析及其利益分配 [J]. 天津体育学院学报，2008（6）：483－486.

② 唐峰. 中国足球管理体制改革的理论研究 [D]. 北京体育大学博士毕业（学位）论文，2005.

③ 舒成利，周小杰. 从利益相关者管理理论看我国职业足球产业的发展 [J]. 成都体育学院学报，2006（3）：21－24.

④ 黄涛，万发达. 中国足协与足球俱乐部矛盾的主要原因分析 [J]. 体育学刊，2009（9）：24－27.

⑤ 张琴. 我国体育利益冲突分析 [J]. 体育文化导刊，2012（9）：9－12.

利划归置企业法人性质的中超联赛有限责任公司。2015年经中央国务院同意，由国务院办公厅印发的《中国足球改革发展总体方案》和经国务院领导同意，由国务院足球改革发展部联席会议办公室印发的《中国足球协会调整改革方案》都提出，要在转变政府职能的基础上，理顺足协与足管中心"政企不分、管办不分"的关系，加快政府与足协脱钩，撤销足管中心作为足协常设办事机构，促进足协实体化运营。2016年国务院发布的《中国足球中长期发展规划（2016—2050年）》提出，中国足球改革的目标是，"要理顺足球管理体制，创新中国特色足球管理体制机制，形成搭建政府统筹推进、部门分工负责、社会广泛参与的管理架构。政府的主要职责是提供足球公共服务，营造市场环境，加强监督管理"。深化足协管理体制改革，调整改革中国足球协会，完善中国足球协会内部管理机制，健全协会管理体系，逐步建立体制完善、结构合理、职责明确、规章健全、监管完善的协会管理体制，形成协会依法自主管理、科学民主决策的新机制。

　　五是基于职业联盟构建机制的研究。目前，我国职业足球联赛的运营主体，不论是中国足协旗下的中超公司，还是后来的中超委员会、中超联赛股份公司，都带有明显的政府行为特征，联赛运营实体的代理人缺位现象凸显[1]。我国职业体育联盟当前的博弈范式为行政主导型，这也是长期处于社会主义初级阶段的国家性质所决定的。我国职业体育联盟组织形态的构成违背了公司治理结构的基本原则，为此，需重塑联盟的组织形态及治理结构。我国职业体育联盟虽然从表面上看已经完成了公司制改造，但实际上缺乏公司制的实质、内涵和功能，联盟国有资产代理人虚置的状况并没有得到根本改变。政府作为联盟产权代理人的身份仍然保留了干涉联盟正常运营的权力，以使联盟的运作服从政府组织的行政目标。我国政府组织应该退出我国职业体育联盟的组织结构，或者如英国足协当年的类似做法，仅在联盟内保留一个决定性的投票权，如果发现联盟有违背体育道德和精神的行为，有违反国际单项体育联合会基本精神的活动，有损害国家主权的言论和行动等行为，拥有一票否决权，使联盟完全变为一个由各俱乐部行为主体组成的经济组织。这样，新组织形态下的联盟就会自我重视联盟剩余按要素贡献进行的创造和分配，由此走上一个良性的发展轨道。联盟各主体在创造和分配

---

[1] 张兵，仇军. 经济社会学视域下中国职业体育市场生成逻辑及发展策略选择[J]. 体育科学，2017 (7)：12 – 13.

联盟剩余的时候，基本上处于一种对联盟"剩余控制权和索取权分配共享与平均的特点"，各俱乐部之间是一种协作机制下的竞争关系①。

4. 国内职业体育利益博弈问题相关理论研究

国内关于职业体育股东利益博弈及其协同治理的研究聚焦在以下两个方面。一方面，关于股东利益博弈的焦点问题。从联赛"纠纷产权"视角分析了股东的利益博弈。具体包括股东之间对联赛所有权、经营权、剩余索取权等权益的博弈。以联赛产权"内部人控制"与"外部监督不完善"为视角，提出控制性股东"一股独大"，中小股东话语权较弱，大股东对中小股东利益进行侵害的概率提高。在中超联赛利益相关者内涵与关系解析的基础上，提出构建利益相关者协同治理的概念。从合作博弈视角深度剖析我国篮球改革问题，并提出建立一个良性的合作博弈机制，通过公平谈判，打破信息不对称，形成目标共识；建立强制性契约，明确责任主体，完善激励约束机制，调动各个利益主体的积极性；要实现职业体育利益相关者协同治理，必须转换政府职能，形成利益共同体，建立中国特色职业体育联盟，形成网络互动的协同治理组织结构。

郑娟，郑志强（2018）借助演化博弈论，以 CBA 联赛为分析案例，构建了一个演化博弈模型解释多元治理主体参与体育协同治理的策略选择、影响因素及演化路径。研究结果表明：体育协同治理，必须以各参与方的利益改善为前提，预期收益、运作成本与协同能力是影响参与方策略调整和演化方向的主要因素，预期收益值愈高，运作成本愈低，能力互补性愈强，各参与方的协同意愿就愈强烈，愈有利于达成协同治理。进而基于研究结论，从建立合理的收益分配和风险分担机制、加强政府协同领导力建设以及提升市场和社会主体治理能力等方面提出相应政策建议②。张诚（2013）采用联盟博弈的方法，从非合作博弈和合作博弈的角度对欧美职业体育联盟赛事电视转播权出售进行分析比较，结论：以联盟整体出售的方式可以有效摆脱"囚徒困境"，是最优的议价方式。另外通过对联盟电视转播费的分配研究，发现运用 Shapley 值法对比赛成绩分配是公平、公正

---

① 王岩，张皞昕. 论我国职业体育联盟的治理结构与财务监控 [J]. 财会研究，2010（10）：78-80.
② 郑娟，郑志强. 体育协同治理的演化博弈分析——以 CBA 联赛为例 [J]. 北京体育大学学报，2018（9）：30-31.

的。在此基础上，对我国 CBA 职业联赛转播利益分配机制改革提出了相关策略[1]。龚波（2013）认为，足球改革中实现利益兼容的途径在于，大力推进和谐管理体制建设，迅速改变体育及足球行业改革滞后现状，权利资源的平等分配是实现利益均衡的重要前提、尊重利益群体的公共选择[2]。

一是对职业体育产权的内涵与价值的研究。一方面，关于职业体育产权界定、内容与特征描述。如李伟（2017）认为，"职业体育产权"是规定利益主体相互行为关系的一系列规则，是关于职业体育资源、财产权益实现的一种社会制度[3]。丁林梅（2008）指出，"职业联赛产权是占有权、使用权、收益权、转让权的总合"。[4] 职业体育产权制度受市场环境变化的影响，是一种持续性的、动态演变的过程。另一方面，产权清晰对于职业体育的意义不言而喻。"合理的产权制度是激励职业体育赛事生产、经营积极性的基础。产权归属主体明晰，能够强化职业联赛内部激励机制和资源配置的公平与效率。破解职业体育发展的体制性障碍，推动政府职能部门的机构改革和职能转换。解决我国职业体育发展的诸多深层次矛盾和问题，根本出路在于始终着眼不断推进改革。科学的产权制度是市场经济的基础，中国足球职业化改革必须建立有效的产权制度，遵循市场经济规律。"

二是对我国职业体育产权归属的研究。中超联赛的产权到底归谁，目前难以确定。中超联赛既非"纯"公共产品，也非私人产品，也就是说联赛产权是模糊的。按照"谁投资、谁所有、谁收益"的原则是职业体育产权界定的基本原则。职业俱乐部作为联赛的主要投资人，应该享有联赛的所有权。中国足协管理层认为，"中超联赛的产权归足协，中超联赛属于准公共产品，那么作为准公共机构的中国足协就有权拥有联赛的产权"的提出，理论上中国职业足球联赛的产权是一种国有产权，但由于作为主要参与者的俱乐部的深度介入，职业联赛产权必然被分割给协会和俱乐部，职业联赛产权实际上成为一种共有产权。

三是对职业体育产权博弈的研究。中国职业体育联赛产权博弈由来已久。联

---

[1] 张诚. 职业体育赛事电视转播权联盟博弈及利益分配的应用研究 [J]. 山东体育学院学报，2013（2）：16-19.

[2] 龚波. 足球改革进程中的利益冲突与兼容 [J]. 武汉体育学院学报，2013（2）：66-70.

[3] 李伟. 垄断与创新——当代职业体育的新经济学分析 [M]. 北京：首都经济贸易大学出版社，2017：2-10.

[4] 丁林梅. 中国职业足球俱乐部利益相关者目标冲突研究 [J]. 辽宁行政学院学报，2007（10）：92-93.

赛股东利益博弈主要是指大股东（体育行业协会）与中小股东（俱乐部）利益之间的抵触、违背和侵害。张兵（2016）从联赛产权纠纷视角分析了股东的利益博弈。认为：联赛产权博弈体现在股东对经营权、决策权、收益权、所有权等方面[1]。梁伟（2016）以联赛产权"内部人控制"与"外部监督不完善"为视角，提出控制性股东"一股独大"，中小股东话语权较弱，大股东对中小股东利益进行侵害的概率提高。实质上，联赛产权就是围绕着联赛这一特定"财产"而形成的人与人之间责任、权利和利益的相互关系。在产权不清的状态下，联赛各利益主体围绕"产权归属"进行博弈，联赛股东之间为争夺产权展开反复的利益冲突、摩擦，导致联赛利益关系复杂化，利益结构非均衡化，影响联赛长效发展[2]。

最后关于职业竞技体育产权博弈治理的研究。郎效农（2002）倡导实施产权股份制改革，促使职业竞技体育产权主体多元化[3]。从合作博弈视角深度剖析我国篮球改革问题，并提出建立一个良性的合作博弈机制，通过公平谈判，打破信息不对称，逐步形成改革目标共识；建立强制性契约，明确责任主体，完善激励约束机制，调动各个利益主体的积极性，进而形成推动改革发展的合力。构建联赛利益均衡机制是化解利益主体冲突的有效手段。利益共生视角：利益补偿机制、利益协调机制和利益共赢机制。从组织结构、制度设计、资本投入、运行环境等要素分析了我国职业体育协同治理面临的问题。并提出要完善职业体育制度设计，建立中国特色职业体育联盟，形成协同治理组织结构的利益共同体。

二、国外研究现状

（一）国外职业体育利益博弈问题的研究现状

国外学者对职业体育产权利益博弈的研究，主要体现在产权主体利益关系与

---

[1] 张兵，仇军. 管办分离后中国职业足球改革的路径选择与机制依赖[J]. 体育科学，2016（10）：3-9.

[2] 梁伟. 中国职业体育联赛利益机制构建及实现策略研究——以中国职业足球联赛为中心[M]. 北京：北京体育大学出版社，2016：10.

[3] 郎效农. 关于中国足球职业化改革的基本认识[D]. 国家体育总局：市场经济与体育改革发展论文集，2002.

利益博弈关系的治理两个方面。如 Sage（1998）提出，北美四大职业联赛（NFL、MLB、NBA、NHL）的俱乐部受各自联盟的统一管理，各俱乐部产权划分明确，虽然俱乐部产权归私人所有，但联赛的转播收入、主客队门票收入分配比例、球员转会等方面都由职业联盟统一管理[①]。卡纳里斯（2002）认为，西方职业体育利益博弈具体表现为"控股股东利用控制权优势攫取超额控制权收益来侵害中小股东利益"[②]。

北美职业联赛的"私有利益"与联盟的"整体利益"划分明确。俱乐部是联赛的产权人，并将联赛公共事务委托给职业联盟，联盟尽可能将联赛利益平均分配，实现联赛利益最大化。大卫·贝瑞（2015）对 NBA 利益博弈的治理机制进行了分析，认为：NBA 联赛利益博弈主要体现在"劳资纠纷"上，在治理机制方面，联盟管理层已经形成"工资帽""奢侈税""劳资协议"等一套完善的制度体系[③]。大卫·斯瑞比（2016）对德国职业足球联赛利益治理机制的研究表明：德甲联赛治理体系已构建了多渠道、多层次的对话机制，管理机制的民主化、透明化，解决利益冲突的公正性和专业性，利益主体内部的沟通与合作关系[④]。

（二）NBA 联盟利益配置机制的研究

NBA 联盟利益关系协调主要从劳资关系、球队老板与球员之间 3 个方面着手。在赛季之前，联盟利益分配的手段主要是契约分配；事中约束主要针对于球员、球队间及劳资间进行，所使用的分配手段主要包括额度限制、销售权控制、选秀、转会制度等；事后处罚阶段所使用的分配手段包括没收托管工资和征收奢侈税，罚金返还阶段所使用的分配手段包括托管工资、奢侈税及剩余款的返还。其目的是实现事前约束中所规定的契约分配比例[⑤]。

NBA 联盟中包括诸多利益主体，而直接参与联赛利益分配的两大主体是劳

---

① 乔治·亨利. 美国体育权利和意识：一个批判视角 [M]. 纽约：人体运动出版社，1998.
② 卡纳里斯. 大股东激励与强化效应的分离 [J]. 金融学报，2002 (6)：2741 – 2771.
③ 大卫·贝瑞. 球员让利会让 NBA 发展更好吗？以 2011 年 NBA 老子协议为例 [J]. 国际体育金融杂志，2015 (7)：158 – 175.
④ 大卫·斯瑞比. 组织结构与治理研究：澳大利亚国家橄榄球协会为例 [J]. 体育管理评论，2016 (9)：271 – 307.
⑤ 王建国. NBA 联盟的利益分配机制 [J]. 武汉体育学院学报，2007 (6)：37.

资双方，NBA 联盟利益分配的全过程可以划分为 4 个阶段，分别是：事前约束、事中约束、事后处罚和罚金返还。

（三）对英超联盟利益机制的研究

如果说北美职业体育推行联盟制是美国政治社会理念影响下的产物，那么这种多元主义竞争合作模式背后隐藏的恰恰是利益共同体的运作理念。职业体育联盟本身不是目的，而是达成某种目的的手段，西方职业体育联盟的形成是职业体育适应西方政治经济社会的运行结果，不仅具有联盟源起上的经济学优化取向，还带有明显的顺应西方资本主义社会政治、法律和社会规限的特质。如果将职业体育联盟定义为一种组织模式，那么这种组织模式的最大特征是利益共同体组织，是出于利润最大化需求的职业体育联赛产业化运营的组织实体。

另外一个职业联盟的经典案例源自英超联盟。从源起上，英超联盟区别于北美职业体育联盟，它是改良的产物，更准确地讲是俱乐部合作模式的改良。1992 年之前，英超联赛是协会主体运行体制下的联赛体系，而 1992 年，英超联盟从足协（英足总）主导序列中独立出来，成为独立运营联盟。该联盟成立带有解决原有协会办赛体制上的利益分享过度之状，转而强调联盟独立运营的激励功能，在某种程度上解决了诸如曼联、阿森纳等强势俱乐部的发展困境，同时也为英足协带来了巨大的收益。当然，该联盟之所以能够形成，也必须结合英国社会背景进行分析。英国社会具有成熟的资本主义自由民主体制，强调利益集团与政府合作，达成经济和社会伙伴关系是其重要特征。在政治社会理论中，往往将其定义为合作主义政治社会秩序。与多元主义强调多个利益集团的均势竞争合作不同，合作主义则更多主张只有少数具有垄断地位的团体才能享有代表本领域利益的地位，而国家往往赋予它们独特的制度化运作实践。

英超联盟的成立实质上也是这种带有合作主义意味的改良运行结果，其要建立的是新型合作伙伴关系。一方面，追求国家、足协与联盟通过合作来获益；另一方面，建构联盟内部基于利益共同体的合作伙伴关系。需要指出的是，不论是北美职业体育联盟，抑或是英超联盟，都是以实体化运营为基本前提的，联盟按照企业组织样式由股东大会、董事会、理事会和具体管理执行机构构成。欧洲足球联赛的主要利益相关者有联赛、俱乐部、球员和球迷等。为了确保联赛整体利益的最大化，欧足联构建了民主的、体统的管理模式。管理决策科学与透明的欧洲足球治理模式综合平衡了联赛、俱乐部、球员等各群体的利益，而其在管理机构内部严格遵循的分权原则也保证了其政策的执行力度以及解决冲突纠纷的公正性和专业性。在欧洲职业足球体系内，已经建立了一个多渠道、多层次的对话机制，无论是决策过程还是内部的司法程序都是透明的。同时其与欧盟管理者也保持了良好的沟通与合作关系，为其改革提供了良好稳定的法律框架和技术支持。

在北美职业体育运行中，无论是生产组织（职业体育联盟、俱乐部组织），还是中介组织、消费者组织、球员组织、营销组织，都是以利益集团形式存在的，它们之间围绕利益分配、竞争合作的实践恰恰搭建了北美职业体育联盟的运行机制。球员市场的兴盛直接催生了中介组织和劳工组织的兴旺，而营销组织的发展又直接促使消费者组织的兴起并采取行动。于是，无论是利益分享还是劳资谈判或转播权谈判，每个利益集团都有自我运行的能力，它们之间谁也无法直接决定和干预其他利益集团的行为。其运行实践内隐的是竞争合作关系，而且这种竞争合作关系在多元主义利益集团运作实践中自发地形成了利益共同体意识。事实上，如果说北美职业体育推行联盟制是美国政治社会理念影响下的产物，那么这种多元主义竞争合作模式背后隐藏的恰恰是利益共同体的运作理念①。

在自由市场经济的制度环境下，像北美职业体育、欧洲职业足球的市场经济制度，政府完全不干涉职业体育联盟的治理，政府与职业联盟之间公共权力与资本之间的利益追求可能一致。西方职业体育联盟利益博弈主要是"劳资"双方围绕联盟利益分配之间的博弈。这一博弈行为的特点是：①运动员与俱乐部老板作为理性的行动者，其博弈地位基本是平等的，两者博弈策略的选择能充分展开，一个常见的现象是：运动员会采取种种获利对策与俱乐部老板"叫板"。②就博弈常态来看，两者在博弈中都在寻求利益的均衡点，博弈的基本趋势是由讨价还价走向合作。③就博弈结果看，运动员与俱乐部形成了一种类似于"裁判员与运动员"的关系，政府依法监管，职业联盟依法经营。

三、文献小结

综上，职业竞技体育产权博弈是中国与西方国家存在的共性问题。西方职业

---

① 张兵. 基于组织演化的西方职业体育联盟特质研判与中国建设逻辑探寻［J］. 天津体育学院学报，2015（1）：29-34.

竞技体育产权博弈主要是俱乐部之间围绕联赛产权收益的博弈；国内职业竞技体育产权博弈主体较为多元化，包括政府、足协与俱乐部等多元利益主体对联赛产权的博弈。西方学者对职业竞技体育产权博弈的研究侧重"利益均衡"或"利益最大化"价值取向的探讨，西方学界所提倡的产权博弈治理机制比较具体，与典型的公司法人治理模式相嵌套，提升不同股东在联赛决策制定、战略计划、财务监督方面的对话，解决联赛俱乐部财务问题；国内学界关于职业联赛股东利益博弈协同治理命题的探究处于起步阶段，而且所提倡的协同治理较为综合，都是通过构建国家与市场的协同治理，来解决现有的联赛多元利益相关者的利益博弈问题，少有研究针对联赛股东利益博弈的问题提出解决方法。

当前欧美国家职业体育联赛的研究重点与我国的研究聚焦存在较大差异。首先，国内学者聚焦于强调政府与市场主体在联赛中的关系和作用，而欧美学者侧重探讨联赛俱乐部的经济关系及俱乐部和运动员的经济关系。这是由于我国一直把职业联赛视为一种经济改革现象进行研究，而西方学者将职业联赛视为一种完全市场范畴内的产业领域或是企业形式进行研究。前者趋向于外部环境的探讨，后者则趋向于内部治理的分析。其次，国内学者的研究内容较为广泛，涉及社会、经济、政治、内部关系协调等多个方面，西方学者则侧重于利益主体的利益要求和联赛竞争性平衡关系问题。最后，国内研究的目标是使职业联赛发展能够兼顾市场主体经济利益与国家利益、社会责任及义务，西方学者则聚焦于强化职业联赛的激烈程度，吸引赞助商和观众，从而获得更多市场利润，实现联赛利益最大化[1]。

国内外关于职业足球利益博弈治理机制的研究已积累了丰富的成果。有关欧美职业体育利益博弈的研究侧重联赛"利益均衡"或"利益最大化"价值取向的探讨，从而也形成了西方职业体育发展规律的治理体系。但从现有的研究内容分析，我们很难看出西方职业体育利益博弈的具体情况是什么，内在规律是什么，以及现有的治理机制是否能够有效解决联赛利益冲突问题，这是后续研究值得关注的问题。如职业足球利益相关者，利益博弈现状、特点、影响因素，利益博弈的治理策略等是国内学者研究的焦点问题。与西方学者的研究比较，国内学界的研究尚停留在对利益博弈问题本身的探讨，在对利益博弈治理机制方

---

[1] 梁伟. 中国职业体育联赛利益机制构建及实现策略研究——以中国职业足球联赛为中心 [M]. 北京：北京体育大学出版社，2016：10.

面研究略显不足,在学术观点与思路上难以形成统一的脉络。中国足球改革作为我国深化体育改革的重要内容,现实中的利益博弈问题已经成为并将继续成为国内外学者研究的热点议题。在综合国内外研究成果的基础上,本研究将进一步关注中国与欧美职业足球利益博弈的现实问题,借鉴西方职业足球治理经验,结合中国足球改革实际,形成一套关于中国职业足球利益博弈的治理机制的科学研究。

第三节 研究框架与思路

一、研究对象

本书以中国职业足球改革中的利益博弈机制为研究对象。具体调查对象包括:中国足协相关管理者、中超职业俱乐部管理者、国内外足球领域的专家学者、职业联赛的赞助商和球迷等各利益相关者。

二、研究目标

本书旨在从利益博弈视角研究如何解决我国职业足球改革中的利益冲突问题,建立各种利益主体利益博弈的长效治理机制。具体的研究目标主要在于:第一,分析中国职业足球改革利益博弈的现状、特点、因素与规律,构建利益博弈框架模型;第二,研究西方职业足球联赛(NBA、英超)利益博弈的现状与特点,并将各国职业足球利益博弈进行比较,找出中国足球与西方国家利益博弈之间的共性与差异,为解决中国足球改革利益博弈提供理论与实证借鉴;第三,分析中国政府与西方各国政府介入职业足球治理政治实践,提出解决中国职业足球利益博弈的治理机制。

三、总体框架

（一）研究工作方案

1. 中国足球改革的历史回顾与现状

这是研究的基础部分。通过梳理中国足球改革的历史进程，分析利益博弈的动态变化形成因素，各利益主体之间的利益需求差异与关联，以及利益冲突的突出问题与矛盾焦点。

2. 中国足球改革利益博弈的现状研究

分析中国职业足球改革利益博弈的现状、特点、因素与规律，结合职业联赛的产权性质、股权配置情况，从利益机制的运营、激励、监督等方面入手，分析联赛利益生产与分配机制的内在规律，以及主要问题与关键因素。

3. 西方职业足球利益博弈比较及其政府治理

研究西方职业足球联赛（英超、德甲、意甲）利益博弈现状与问题，找出各国职业联赛利益博弈的差异，分析西方国家（尤其政府）在职业足球联赛发展中的治理角色、地位、功能、策略等，为中国政府参与职业足球治理提供借鉴。

4. 中国职业足球改革利益博弈的共赢模式与治理机制

这是本书的重点内容。其中，利益共赢是中国足球改革的目标导向，研究分别从利益相关者、利益关系协调、利益整合、利益秩序重构等方面进行论述。治理机制是解决中国足球利益博弈的具体策略，也是实现利益共赢的主要方式。具体涉及了国家顶层设计、政府职能转变、处理好政府与市场资源配置的作用，协调好政府与俱乐部的利益关系，实现联赛利益共享与共赢机制。

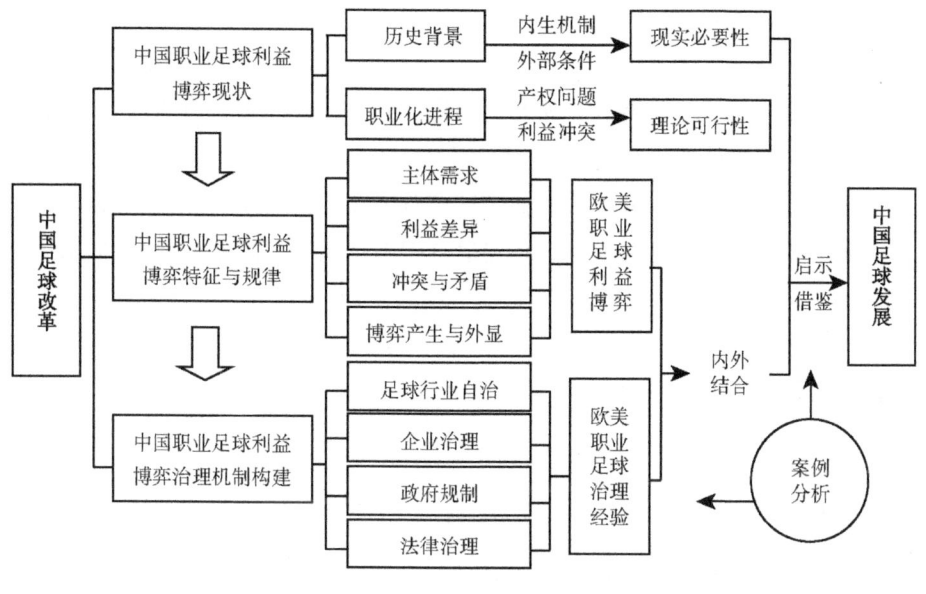

图1 本书的技术框架图

（二）调研计划

计划调研对象为：中国足球协会、中超职业俱乐部，足球领域的专家。均采用实地访谈的调研方式进行。并对国外足球研究专家进行电子邮件沟通，对国内足球专家进行深度访谈；通过多种渠道收集相关案例并进行分析；通过文献分析法对有关论点、理论做出解释。

（三）拟突破的重点和难点

1. 研究重点

一是对中国职业足球利益博弈的现状、问题与因素分析。

二是中国职业足球利益博弈的内在规律与特征。从宏观与微观、整体与局部把握中国职业足球利益博弈的发展规律，并从规律中找出内在的特点。

2. 难点

一是欧美职业足球联赛利益博弈的内容、方式、特征等,以及联赛利益治理机制的经验与策略借鉴。

二是通过对中国与西方国家职业足球利益博弈及其治理机制的比较,找出中西方职业足球治理的共性与差异,构建适合中国本土需要的职业足球利益博弈的治理机制。

(四) 研究方法

1. 文献资料法

对国内外关于职业足球利益博弈的学术著作、文献、调查报告、报纸、媒体报道等进行收集、整理与分析,为课题研究提供理论依据。

2. 定性分析与定量分析相结合

定性分析主要应用管理学与政治学相关理论对我国职业足球联赛利益博弈机制进行论述与提炼。定量分析是采用问卷调查与数理统计方法,了解我国职业联赛利益博弈现状,拟采用相关量化模型,对我国职业足球利益博弈的均衡模型进行研究假设与验证。最后,采用演化博弈模型,提出我国职业足球联赛利益共赢与治理机制的具体路径与策略。

3. 访谈法

拟设计 2 份访谈提纲,采用半结构访谈法,通过实地、邮件等形式,对 10～15 名国内外体育管理专家、中国足协与职业俱乐部管理人员等进行访谈,为课题研究提供数据和资料补充。

4. 模式与机制比较、专家咨询与案例衔接

对西方国家职业足球(NBA、英超)的利益博弈机制进行比较分析,分析西方国家政府在职业足球利益博弈中的政治目标、治理手段与策略,结合我国职业足球改革的实践,提出我国职业足球利益博弈均衡的治理机制。并采用相关案例研究，探讨西方国家政府治理足球的经验与问题，为我国政府提供成功案例参考。

（五）创新之处

在学术思想与观点创新方面：一方面，本课题不拘泥于传统的"利益相关者"理论，以"治理理论"（组织自治、政府规制、法治等）理论体系为支撑，结合中国足球改革利益博弈实际，将各种治理理论综合运用到足球改革的研究中，完善足球改革的理论基础。另一方面，中国足球改革的实质是一个利益重新分配与构建的过程，改革必定会带来新的利益重组与价值认知。因此，改革的过程是一种利益冲突与博弈的过程，在渐进式的改革中，要处理好足球改革中的利益博弈问题，解决这一问题的关键是要协调各方利益主体需求与矛盾，构建一种适合于本土职业足球发展的良性的治理机制。

在研究方法上，国内学界对足球改革利益博弈的研究中，文献法、逻辑比较与分析、理论构建等方法被广泛应用，但量化研究方法使用较少。本课题将把量化与定性研究相结合，采用文献、访谈、问卷、模型构建、机制构建等多种方法构建我国职业足球改革利益博弈的治理机制。

第四节　理论基础

一、治理理论

治理（Governance）已经成为社会科学界相当流行的概念。20世纪"不是政府，就是市场"的思维逻辑，重新探索政府、市场和公民社会之间的网络结构和伙伴关系。政治关系不再呈现高高在上的面孔，而是善于吸收和利用底层的资源和力量，它不再是强制性的，也不鼓励使用暴力，而是善于鼓励和说服。党的十八届三中全会通过的《中共中央关于全面深化改革若干问题的决定》引入"治理"这一新概念，从理论上、政策上确立了协作治理的根基，为我国职业体育改革提供一种新的思路与政策选择。治理是不同于传统管理的概念，治理理论是在实践中产生的，反过来对实践有着重要的指导作用。西方治理理论的产生和进入，对我国体育治理产生了积极的影响。治理是政府的治理工具是指政府的行为方式，以及通过某些途径用以调节政府行为的机制。释义：①管理、统治；得到管理、统治。②治理政务的成绩。③治理政务的道理。④处理、整修。如治理黄河。治理行政是政治国家与公民社会的合作、政府与非政府组织的合作、公共机构与私人机构的合作、强制与自愿的合作。与统治、管制不同，治理指的是一种由共同的目标支持的活动，这些管理活动的主体未必是政府，也不一定非得依靠国家的强制力量来实现。治理侧重于宏观决策，权力与利益风险的设计与安排，管理侧重于具体执行。关于治理的概念，有历史的词源和不同的词义，古今中外表述不同，寓意也有差别。在中国历史上的治理就是管理、统治之意。《荀子·君道》："明分值，序事业，材技官能，莫不治理，则公道达而私门塞矣，公义明而私事息矣[1]。"《汉书·赵广汉传》："壹切治理，威名远闻[2]。"《孔子家语·贤君》："吾欲使官府治理，为之奈何[3]？"清王士禛《池北偶谈. 谈异六·风异》："帝王克勤天戒，凡有垂象，皆关治理[4]。"

在公共管理领域，治理的概念是20世纪90年代在全球范围逐步兴起的。自1989年世界银行首次使用"治理危机"的概念后，治理一词不仅广泛使用，而且被赋予了诸多延伸意义上的内容。其意义涵盖的范围远远超过了传统的经典意义，与原有的统治（government）相去甚远。治理理论的主要创始人之一詹姆斯·N. 罗西瑙认为，治理是通行于规制空隙之间的那些制度安排，或许更重要的是当两个或更多规制出现重叠、冲突时，或者在相互竞争的利益之间需要调解时才发挥作用的原则、规范、规则和决策程序[5]。格里·斯托克指出："治理的本质在于，它所偏重的统治机制并不依靠政府的权威和制裁。'治理的概念是，它所要创造的结构和秩序不能从外部强加；它之发挥作用，是要依靠多种理论进行统治及互相发生影响的行为者的互动'。"

在治理的各种定义中，全球治理委员会的表述具有很大的代表性和权威性。该委员会于1995年对治理做出如下界定：治理是或公或私的个人和机构经营管

---

① 王云五. 荀子（上）[M]. 熊公哲，注释. 重庆：重庆出版社，2009：260.
② 张永雷. 汉书 [M]. 刘从，译注. 北京：中华书局，2009：203.
③ 杨朝明，宋立林. 孔子家语通解 [M]. 济南：齐鲁书社，2009：158.
④ 王士禛. 池北偶谈 [M]. 北京：中华书局，1982：613.
⑤ 詹姆斯·N. 罗西瑙. 没有政府的治理 [M]. 南昌：江西人民出版社，2001：1.

理相同事务的诸多方式的总和。它是使相互冲突或不同的利益得以调和并且采取联合行动的持续的过程。它包括有权迫使人们服从的正式机构和规章制度，以及种种非正式安排。而凡此种种均由人民和机构或者同意、或者认为符合他们的利益而授予其权力。它有4个特征：治理不是一套规则条例，也不是一种活动，而是一个过程；治理的建立不以支配为基础，而以调和为基础；治理同时涉及公、私部门；治理并不意味着一种正式制度，而确实有赖于持续的相互作用。与统治、管制不同，治理指的是一种由共同的目标支持的活动，这些管理活动的主体未必是政府，也不一定非得依靠国家的强制力量来实现。从本质上看，治理行政与管制行政有很大的不同。一方面，管制行政的权威主要来自政府，而治理虽然需要权威，但这个权威并不为政府所垄断。治理行政是政治国家与公民社会的合作、政府与非政府组织的合作、公共机构与私人机构的合作、强制与自愿的合作。另一方面，权力运行的向度发生变化。管制行政的权力运行是自上而下的，它运用地方政府的政治权威，通过发号施令、制定和实施政策，对公共事务实行单一向度的管理。与此不同，治理行政则是一个上下互动的过程，政府、非政府组织及各种私人机构主要通过合作、协商、伙伴关系，通过共同目标处理公共事务，所以其权力向度是多元的，并非纯粹自上而下。社会力量在治理中的作用日益增强，也可以通过正常途径，自下而上地对政府施加影响。

在治理的形态中，政府治理主要体现在：①制度供给。政府所提供的有关制度，决定着社会力量能否进入、怎样进入公共事务治理领域，并且对其他治理主体进行必要的资格审查和行为规范。②政策激励。即使政府主动开放某些公共事务治理领域，但社会力量往往会等待观望，尤其是对公共物品的生产，需要政府在行政、经济等方面采取相应的鼓励和引导措施。③外部约束。公共事务治理也需要"裁判员"，政府应依据法律和规章制度，对其他治理主体的行为进行监督、仲裁甚至惩罚。治理的本意是服务。在治理行政的运行机制下，虽然政府也履行管制职责，但与传统的政府管制有着根本区别。①在管制依据上，治理行政必须有法律、法规作依据，是受严格约束的有限管制；管制行政不一定基于法律，有时甚至是官员的任意行为。②在管制内容上，治理行政体现一视同仁；管制行政却经常是失之公允，如对特定企业或人员给予照顾。③在管制程序上，治理行政是制度化的，程序公开、透明；管制行政随意性大，经常暗箱操作。④在管制结果上，治理行政充分考虑政府官员可能出现非理性行为，因而有相应的救济措施；管制行政则比较欠缺。总之，治理行政中的管制也是广义的公共服务，是服务于管制之中的政府行为[1]。

二、管办分离理论

　　管办分离源于20世纪90年代工商行政管理部门与其所办市场的"管办分离"改革，其后延伸到出版、卫生、体育、教育等事业领域。由于私立或民营的公共服务组织机构本身与政府是分离的，故我国的"管办分离"改革主要是指政府与事业单位（公立公共服务机构）之间的分离。何谓管办分离？于小千认为，我国事业单位的"管办分离"是指，将政府社会公共服务的监管与举办职能相分离。其中"管"的主体是政府（政府监管机构或人员），"办"的主体是公共服务提供机构（指具体办事的机构或人员）[2]。赵立波认为，管办分离是政府事业（公共服务）职能的分离，是政府对社会事业的公共管理职能（管）与举办事业单位形成的出资人职能（办）的分离[3]。香港中文大学教授刘遵义认为，中国社会、经济、政治、教育等领域的管办分离改革具有两个含义：一是指人事制度完全分开，不能把企业雇员当成公务员看待，也不能再套用公务员的薪水待遇标准；第二个含义是，对许多已经商业化的国有企业，可以将企业的经营权利委托给董事会来管理，如果政府担心失去对企业的所有控制权，政府可以采用监管与法律手段对企业的所有权进行控制[4]。

　　张兵从政府职能转变视角，提出我国足球管办分离改革是要打破政府集管理、决策、经营于一身，导致对足球联赛"管办不分，政企不分"的管理现状[5]。梁伟借助优化公司治理结构研究框架，从股权结构与政府规制两个视角，提出中超联赛管办分离改革是要通过公司章程的控制性股东限制制度，进而限制或者剥离政府机构对联赛具体事务的管理职能[6]。刘苏从优化足球内部治理结构

---

[1] 百度百科. 治理 [EB/OL]. http://baike.baidu.com.
[2] 于小千. 管办分离：公共服务管理体制改革研究 [M]. 北京：北京理工大学出版社，2011：1-16.
[3] 赵立波. 事业单位管办分离若干重大理论与实践问题研究 [J]. 中共福建省委党校学报，2012 (2)：78-85.
[4] 中国研究服务中心. 二十一世纪中国经济展望 [EB/OL]. http://www.cuhk.edu.hk/ics/21c/supplem/essay/0407045.html.
[5] 张兵. 走出政府中心逻辑：我国职业体育管办分离的理论与实践 [J]. 体育与科学，2014 (2)：24-29.
[6] 梁伟. 公司治理结构优化下的中国足球超级联赛管办分离研究——基于对公司自治与政府规制的理解 [J]. 中国体育科技，2015 (1)：36-49.

视角，提出中国足协"管办分离"的实质是在原有的组织架构中设置一个职业联赛理事会，形成一个政府、足协、俱乐部等多元主体的治理结构①。谭相建认为，我国足球管办分离改革的内涵包括两个方面：一是"政事分离"，即总局足球运动管理中心和中国足协之间组织体制和职能上的脱钩和分离。二是"管办分离"，即中国足协应发挥行业领导者的管理作用，将"办"的职务交由以职业联赛投资人为主体组成的权力机构和相应的职业联盟专业经营机构②。

综上，管办分离作为我国事业单位改革的特有用法，具有以下几个方面的特征。其一，管办分离改革的特定对象是事业单位，原因是在以事业单位为主的实现政府提供公共服务职能的途径，政府承担举办者与监管者双重职能，可能发生监督管理职能、出资者职能交叉重叠现象，因而需要进行管办分离改革。其二，我国管办分离是政府职能的分离，即通过事业单位职能机构设置、管理方式与运行机制等的调整与变化，切实转变政府职能，实现政府公共管理职能（管）与出资人职能（办）的分离。

三、协同治理理论

20世纪60年代，美国学者伊戈尔·安索夫提出"协同作为企业战略的重要因素"，即"企业的整体价值大于企业各独立组成部分的简单总和"③。协同被普遍认为是不同主体之间为了实现既定的目标而相互协调合作的策略，强调的是共同协作、合二为一的特点④。"协同治理"的英文形式是"collaborative governance"，也就是说"协同治理""既不是一般意义上的合作，也不是简单的协调，是合作和协调在程度上的延伸，是一种比合作和协调更高层次的集体行动⑤。"

与其他治理方式相比，协同治理必须是以组织为前提，先将组织按照组织扁

---

① 刘苏，张林. 中国职业足球"管办分离"改革的逻辑分析——从质疑与反思到完善与创新 [J]. 成都体育学院学报，2013（11）：52-57.
② 谭相建，邱雪，等. 中国足球职业联赛"管办分离"的研究 [J]. 体育学刊，2015（3）：42-47.
③ 马修斯. 物质协同：是什么在起作用. 基于影响因子的文献回顾 [M]. 圣保罗：基金出版社，1992：36-40.
④ 马胜，沈飞，等. 我国混合所有制企业股东利益博弈分析——基于协同治理视角 [J]. 成都大学学报，2018（4）：33-36.
⑤ 姬兆亮，戴永祥，胡伟. 政府协同治理：中国区域协调发展协同治理的实现路径 [J]. 西北大学学报：哲学社会科学版，2013（2）：22.

平程度、沟通强度等维度划分为竞争、合作、协调、协同和控制几种类型①。协同治理是富足、网络、流通时代的一种组织、发展和连接社会结构（国家、企业、各种组织）的系统②。它不再是强制性的，而是善于鼓励和说服③。在协同治理中，政府执政不再独断专行，而是创造谈判空间，并保证其正常运行。部门互相渗透、共同协商，企业领导须向股东负责，企业协同治理力求在企业领导、雇佣劳动者、股东、公共权力部门之间取得平衡④。

四、利益相关者理论

利益相关者理论是20世纪60年代前后逐步走向成熟的，主要吸收了欧美国家一直遵循的"所有者优先"的理念。利益主体的阐述有多种观点，大众普遍接受的是Freeman的观点，该观点具体描述的是"一般利益主体指的是与公司计划执行相互作用的主体"。所有者、债权方、打工者、供货商、购买者、主管单位等，皆划分为此范畴。20世纪80年代，利益主体概念提出的信号是弗里曼《战略管理－利益主体方法》的出版。弗里曼提出，"利益主体指的是与机构相互作用的主体"，这个概念的提出为研究者们打开了一扇窗户，大家开始考虑利益主体相互作用这一概念⑤。有不少组织被列入利益主体监督的思考区域，譬如主管单位、环保支持者等，这也使利益主体的内容更加丰富多彩。根据有关部门提供的数据，这个概念在利益主体分析的研究者们中十分流行，广受青睐。米特晨（1997）提到，利益主体一般列示为以下3种类型：潜在型利益主体、预期型利益主体、确定型利益主体。我们可以根据公司利益主体的若干原始特点，如紧迫性、主体性和合法性，进行综合评判，通过评判结果决定该主体是归属于哪一种类型⑥。大卫（1998）将这一概念提升到了一个新的高度，将其划分为2个级

---

① 张贤明，田玉麒. 论协同治理的内涵、价值及发展趋向 [J]. 湖北社会科学，2016（1）：30－36.
② 郑国坚，林东杰，张飞达. 大股东财务困境、掏空与公司治理的有效性——来自大股东财务数据的研究 [J]. 管理世界，2013（5）：157－168.
③ 孙萍，闫亭豫. 我国协同治理理论研究述评 [J]. 理论月刊，2013（3）：107－112.
④ 石水平. 控制权转移、超控制权与大股东利益侵占——来自上市公司高管变更的经验证据 [J]. 金融研究，2010（4）：160－176.
⑤ 弗里曼. 战略管理：利益相关者方法 [M]. 王彦华，梁豪，译. 上海：上海译文出版社，2006.
⑥ 米切尔. 利益相关者识别理论的研究与探讨：谁与真正重要的界定原则 [J]. 体育管理评价，1997（4）：853－886.

别 4 种类型：高级社交型利益主体、低级社交型利益主体、高级非社交型利益主体和低级非社交型利益主体。并非所有的利益主体都能够直接参与到公司的日常事务中去，如果能够参与，则其具有社交性，否则就是非社交性的①。

五、博弈论

（一）对策论

博弈论又被称为对策论（Game Theory），既是现代数学的一个新分支，也是运筹学的一个重要学科。博弈论主要研究公式化的激励结构间的相互作用，是研究具有斗争或竞争性质现象的数学理论和方法。博弈论考虑游戏中的个体的预测行为和实际行为，并研究它们的优化策略。生物学家使用博弈理论来理解和预测进化论的某些结果。博弈论已经成为经济学的标准分析工具之一。在生物学、经济学、国际关系、计算机科学、政治学、军事战略和其他很多学科都有广泛的应用。基本概念中包括局中人、行动、信息、策略、收益、均衡和结果等。其中局中人、策略和收益是最基本要素。局中人、行动和结果被统称为博弈规则。博弈论最初主要研究象棋、桥牌、赌博中的胜负问题，人们对博弈局势的把握只停留在经验上，没有向理论化发展②。

博弈论考虑游戏中的个体的预测行为和实际行为，并研究策墨洛（Zermelo）它们的优化策略③。1928 年，冯·诺依曼证明了博弈论的基本原理，从而宣告了博弈论的正式诞生。1944 年，冯·诺依曼和摩根斯坦共著的划时代巨著《博弈论与经济行为》，将二人博弈推广到 n 人博弈结构，并将博弈论系统地应用于经济领域，从而奠定了这一学科的基础和理论体系气候变化问题的博弈论④。1950—1951 年，约翰·福布斯·纳什利用不动点定理证明了均衡点的存在，为博弈论的一般化奠定了坚实的基础。纳什的开创性论文《n 人博弈的均衡点》与

---

① 大卫·威尔. 隐藏利益相关者：商业案例 [J]. 远程武器杂志，1998（2）：201-210.
② 博弈论. 百度百科. 两美国经济学家获 2012 诺贝尔经济学奖 [EB/OL]. http://baike.baidu.com.
③ 邓益伟. 博弈论六夺诺贝尔经济学奖 可指导日常生活 [EB/OL]. http：newhexun.com/2012-10-15/1467871172/.
④ 钟玉岚. 气候变化问题的博弈论 [N]. 光明日报，2015-11-29（8）.

《非合作博弈》等，给出了纳什均衡的概念和均衡存在定理。

1. 局中人

在一场竞赛或博弈中，每一个有决策权的参与者成为一个局中人。只有两个局中人的博弈现象称为"两人博弈"，而多于两个局中人的博弈称为"多人博弈"。

2. 策略

一局博弈中，每个局中人都有选择实际可行的完整的行动方案，即方案不是某阶段的行动方案，而是指导整个行动的一个方案。一个局中人的一个可行的自始至终全局筹划的行动方案，称为这个局中人的一个策略。如果在一个博弈中局中人都有有限个策略，称为"有限博弈"，否则称为"无限博弈"。

3. 得失

一局博弈结局时的结果称为得失。每个局中人在一局博弈结束时的得失，不仅与该局中人自身所选择的策略有关，而且与全局中人所取定的一组策略有关。所以，一局博弈结束时，每个局中人的"得失"是全体局中人所取定的一组策略的函数，通常称为支付（payoff）函数。

4. 博弈涉及均衡

均衡是平衡的意思。在经济学中，均衡意即相关量处于稳定值。在供求关系中，某一商品市场如果在某一价格下，想以此价格买此商品的人均能买到，而想卖的人均能卖出，此时我们就说该商品的供求达到了均衡。所谓纳什均衡，它是一稳定的博弈结果[①]。博弈的分类根据不同的基准也有不同的分类。一般认为，博弈主要可以分为合作博弈和非合作博弈。合作博弈和非合作博弈的区别在于相互发生作用的当事人之间有没有一个具有约束力的协议，如果有，就是合作博弈，如果没有，就是非合作博弈。从行为的时间序列性，博弈论进一步分为静态博弈、动态博弈两类：静态博弈是指在博弈中，参与人同时选择或虽非同时选择

---

① 黄晟哲. 博弈论大师纳什传奇经历曾拍成电影［EB/OL］. http：newqq. com/a/2015－05－25/003470. html.

但后行动者并不知道先行动者采取了什么具体行动;动态博弈是指在博弈中,参与人的行动有先后顺序,且后行动者能够观察到先行动者所选择的行动。

(二)纳什均衡

纳什均衡:在一策略组合中,所有的参与者面临这样一种情况,当其他人不改变策略时,他此时的策略是最好的。也就是说,此时如果他改变策略,他的支付将会降低。在纳什均衡点上,每一个理性的参与者都不会有单独改变策略的冲动。纳什均衡点存在性证明的前提是"博弈均衡偶"概念的提出。所谓"均衡偶"是在二人零和博弈中,当局中人A采取其最优策略a*,局中人B也采取其最优策略b*,如果局中人仍采取b*,而局中人A却采取另一种策略a,那么局中人A的支付不会超过他采取原来的策略a*的支付。这一结果对局中人B亦是如此。这样,"均衡偶"的明确定义为:一对策略a*(属于策略集A)和策略b*(属于策略集B)称为均衡偶,对任一策略a(属于策略集A)和策略b(属于策略集B),总有:偶对(a,b*)≤偶对(a*,b)≤偶对(a*,b*)。

对于非零和博弈也有如下定义:一对策略a*(属于策略集A)和策略b*(属于策略集B)称为非零和博弈的均衡偶,对任一策略a(属于策略集A)和策略b(属于策略集B),总有:对局中人A的偶对(a,b*)≤偶对(a*,b*);对局中人B的偶对(a*,b)≤偶对(a*,b*)。有了上述定义,就立即得到纳什定理:任何具有有限纯策略的二人博弈至少有一个均衡偶。这一均衡偶就称为纳什均衡点。纳什定理的严格证明要用到不动点理论,不动点理论是经济均衡研究的主要工具。通俗地说,寻找均衡点的存在性等价于找到博弈的不动点。纳什均衡点概念提供了一种非常重要的分析手段,使博弈论研究可以在一个博弈结构里寻找比较有意义的结果。

(三)合作博弈理论

合作博弈也称为联盟博弈,它是研究人们达成战略合作后的利益分配问题。因为参与主体的合作能够产生一种合作剩余,而这种合作剩余如何分配,取决于博弈各方的力量对比。国外关于合作博弈的研究较为成熟。保罗·皮尔斯(2015)采用一种新的随机规划方法,以核仁和夏普利值法作为合作博弈方法来实现虚拟电厂分布式能源的利益分配①。洛瑞（2102）等②开展了线性供应函数的合作博弈与非合作博弈的纳什均衡解研究，在合作博弈中以纳什讨价还价模型研究供应商的合作行为，并结合案例对比分析合作博弈与非合作博弈参与，主体行为参数的变化。洛佩兹（2002）基于合作博弈理论研究数据包络分析中的信息共享问题，指出不同的组织如果在投入消耗和输出产品之间做到数据共享将会获得更多的收益③。沙文（2014）利用合作博弈模型研究跨流域水资源的最优化，但并未考虑因此而产生的跨流域调水所产生的费用问题④。

国内研究方面，曾鹦等开展了合作博弈视角下城市道路交通拥堵收费研究，对城市道路拥堵收费进行讨论，并提出了进一步研究的方向⑤。薛俭等提出通过京津冀省际合作达到大气污染治理的三个基本假设，验证了京津冀省际合作博弈模型的有效性和实用性⑥。刘磊等通过研究农超对接模式中的合作博弈问题，指出合作博弈能够提高农产品质量安全水平，降低农产品零售价格，并扩大农产品市场需求量三个结论⑦。孔祥荣等基于合作博弈提出新型运输分配方法，实现合理利用各方资源，优化运输成本，同时达到稳定与均衡的目的⑧。孙冬营等基于模糊联盟合作博弈开展了关于流域水资源优化配置问题研究，在流域水资源初次分配当中考虑公平，二次分配考虑效率，建立流域水资源二次分配的模糊联盟合作博弈模型，以最大化流域整体收益⑨。谢晶晶等针对我国碳市场众多、有场无市、市场不成熟等特有现象提出了基于合作博弈理论的碳配额价格机制研究，有效分散了交易风险，是实现我国统一碳市场的重大推力⑩。冯根福等基于合作博

---

① 保罗·皮尔斯. 基于风险的虚拟电厂利益分配模型［J］. 电力系统研究，2015（4）：368-378.
② 洛瑞. 基于合作博弈论的 DEA 信息共享方法［J］. 操作研究，2012（3）：558-565.
③ 洛佩兹. 企业价值评估与投资者保护［J］. 金融杂志，2002（3）：147-1170.
④ 沙文. 企业创新与吸收能力的关系［J］. 经济科学，2014（2）：399-420.
⑤ 曾鹦，李军. 合作博弈视角下城市道路交通拥堵收费研究［J］. 运筹与管理，2013，22（1）：9-15.
⑥ 薛俭，谢婉林，李常敏. 京津冀大气污染治理省际合作博弈模型［J］. 系统工程理论与实践，2014，34（3）：810-816.
⑦ 刘磊，乔忠，刘畅. 农超对接模式中的合作博弈问题研究［J］. 管理工程学报，2012，26（4）：100-106.
⑧ 孔祥荣，韩伯棠. 基于合作博弈的运输分配方法［J］. 系统工程理论与实践，2010，30（7）：1340-1344.
⑨ 孙冬营，王慧敏，于晶. 基于模糊联盟合作博弈的流域水资源优化配置研究［J］. 中国人口. 资源与环境，2014，24（12）：153-158.
⑩ 谢晶晶，窦祥胜. 基于合作博弈的碳配额交易价格形成机制研究［J］. 管理评论，2016，28（2）：15-24.

弈分析视角对管理者薪酬、在职消费与公司绩效展开研究,指出管理者持股比例和在消费之间存在替代关系,管理者持股比例的增加能够抑制在职消费,从而提高公司绩效[①]。

[①] 冯根福,赵珏航.管理者薪酬、在职消费与公司绩效—基于合作博弈的分析视角[J].中国工业经济,2012(6):147-158.

第二章　中国职业体育市场化改革的进程与问题

第一节　中国职业体育市场化改革进程

一、职业化初期改革实践

中华人民共和国成立后，在党和政府的大力支持、积极指导下，足球运动在全国范围内得以全面开展。从 1956 年起，我国开始实行甲级、乙级联赛制度，举办了全国足球锦标赛、全国青年足球锦标赛等。1952 年 6 月 14 日，国际足联承认中华全国体育总会为该会会员。由于自身基础薄弱，外界环境艰难，20 世纪 50 年代初期，我国足球运动水平还比较落后，在与苏联、芬兰、波兰、匈牙利等国家一系列的足球友谊赛中，几乎未尝胜果。随后，国家体委做出了派员赴匈牙利学习的决定，开创了新中国足球走出国门的第一步，对推动全国足球运动的发展、推动中国足球对外交往具有深远的意义。1955 年 1 月 3 日，中国足球运动专项管理组织——中国足球协会正式成立。中国足协是中华全国体育总会的团体会员，是国家体委领导下的全国足球运动专项管理机构。随即，新中国首次创办了全国足球甲级、乙级联赛。在此后的几年中，足球运动水平有了较快的提高，中国足球也成为当时亚洲劲旅，出现了令人信服的飞跃发展，也掀起了新中国足球运动的第一次高潮。1961—1963 年，我国国民经济出现暂时困难，足球运动也深受影响，体育经费削减，国内外竞赛也被迫缩减，中国足球运动水平又跌入低谷。1964 年后，在贺龙同志的指示与敦促下，并随着国家形势的逐步好转，专业足球队恢复系统训练，全国足球联赛恢复，足球界提出了"三从一大"

训练原则。在这种背景下,各地专业足球运动员以高昂的热情投身大运动量训练,足球运动水平又很快有了较大提高,并在一系列的国际比赛中取得良好成绩,我国足球运动水平重新回到亚洲先进行列,中国足球运动又出现了第二次高潮。1971年10月,联合国恢复了中华人民共和国的合法席位,根据新形势的需要,我国国内体育交往逐渐恢复,各类足球比赛也得到一定开展,但停顿了几年的中国足球水平自然难有上好的表现。从1978年开始恢复全国甲级、乙级联赛双循环升降级制度,并建立了全国成年队联赛、青年队联赛的各级较稳定而系统的竞赛制度。

1978年改革开放以来,中国开始进入了社会主义现代化建设的崭新时期,中国足球运动也随之改换面貌。为了恢复和发展我国足球运动,提高足球运动技术水平,其后组织了一系列的足球交流比赛活动,扩大对外交往。1977—1988年间,邀请了40个国家和地区的足球队访华,先后派出国家足球队和省、市、部队足球队访问了40个国家和地区。1978年,我国足球参加了第8届亚运会并获得季军。1978年,党的十一届三中全会揭开了我国改革开放的序幕,隶属于上层建筑文化领域的足球体制必须与之相适应。原有的专业足球缺乏竞争机制、激励机制和市场机制,限制了训练水平、比赛水平和技战术水平的提高。我国足球运动开始迈出探索改革的新步伐。为了改变我国足球运动落后状况,1979年6月6日,国务院批转了《国家体委关于提高我国足球技术水平若干措施的请示》文件,提出改革措施,并请廖承志副委员长担任中国足球协会名誉主席。该文件下达后掀起足球热潮,重点地区的足球运动迅速发展。1979年10月13日,国际足球联合会执委会通过决议,重新接纳中华人民共和国足球协会为会员。这标志着中国足球重新回到国际足球大家庭。

改革初期,国内足球运动赛制改革尝试伴随着国家对足球运动的高度重视,此外,中国足球展开了前所未有的国际交流,并积极借鉴国外足球管理经验。1983年开始结合国情尝试足球竞赛制度改革。1988年开始对运动员实行体能测试,制定考核标准。其间,在党和国家领导人的关心下,中国足协与社会力量合作,积极运作各种足球赛事,创造了良好的足球氛围。在这种良好的氛围中,以足球运动自身特有的竞争性,使之得到广大群众的热忱支持。在1987年第24届奥运会预选赛中,中国足球队又取得东亚区唯一进军奥运会的资格,实现了冲出亚洲的夙愿,中华大地为之欢腾,这一胜利来之不易,是足球界几代人共同努力的结果。但是,中国在奥运会小组赛中即遭淘汰,与世界足球发展步伐相比,差距明显较大。中国足球管理层认识到，中国足球体制必须深入改革，中国足球的环境要进一步开放。邓小平同志提出"足球要从娃娃抓起"，对我国青少年足球具有极大促进作用，从20世纪80年代初期开始，我国青少年足球运动的开始逐渐得到重视。

足球管理体制酝酿改革，足球竞赛制度逐步与国际接轨。1986年10月14日，国家体委为加强对足球工作的统一管理，成立了"足球办公室"，将有关足球训练工作、科学研究、国内竞赛和外事活动及国家足球队的业务等工作，统一集中在中国足协的范围之内，由足球办公室统一管理。1989年，中国足协提出了实体化建议。1990年2月国家体委发布了《关于足协实体化的通知》，国家体委"足球办公室"撤销，宣告了中国足协实体化改革的开始。多年来由体育行政部门行使的职能，逐步过渡到中国足球协会管理，中国足协是唯一领导全国足球运动的权威性机构。1991年2月10日，中国足协正式被上级部门确定实现机构实体化。中国足球终于在实体化、法治化、民主化的进程中迈开新的步伐。

1992年2月，邓小平同志南巡重要讲话解放了人们的思想，又一次掀起了全国改革开放的新高潮，给正处于发展关键时刻的中国足球职业化改革提供了契机。经济基础的改变，必然要求上层建筑的改变，这是足球改革的重要外部环境。由于中国足球在第25届奥运会预选赛中失利，足球改革之呼声不绝于耳。在这种情况下，国家体委顺应民意，因势利导，有胆识地决定"把足球改革作为中国体育体制改革的突破口，旨在摸索出一条在体育界全面改革的道路"。

1992年6月，中国足协在北京红山口八一体工队驻地，召开了全国足球工作会议，这就是著名的"红山口会议"。会议的中心议题是：探讨足球体制改革，全面整顿足球界的作风。"红山口会议"通过的《中国足球运动改革总体方案》，标志着我国足球市场化改革的开始，确立了中国足球职业化改革方向。提出要将男子足球项目的职业化改革作为中国竞技体育改革的突破点。此外，中国足协还向大会提交了《关于强化足协实体化改革实施方案》《中国足球协会俱乐部章程》和《关于建立和逐步完善足球俱乐部体制的实施方案》等改革方案。会议还确定了我国足球改革体制、转换机制、整顿队伍三大任务，为我国足球改革沿着"改革总体方案"的道路前进，坚定不移地走职业化道路，实行俱乐部体制，尽快与国际足球接轨奠定了基础。"红山口会议"也被誉为中国足球史上的"新的里程碑"。

1993年，中国足协在大连举行的工作会议上讨论、修改并原则通过《中国足球十年发展规划草案》《中国足球协会俱乐部章程（草案）》等文件，决定将中国足球甲A联赛作为改革试点，实行教练员和球员注册制、实行运动员体能达标考核、实行联赛门票给予俱乐部分成模式。1994年10月，"万宝路杯"全国足球甲级联赛（简称甲A）开幕。中国足协开始实体化改革，组建足球管理中心，逐步形成"两块牌子，一套人马"的"双轨制"。2004年，正式启动了中超联赛。2006年，成立中超联赛有限责任公司。足球改革带来了积极的变化，也取得了一定的成效，主要包括：社会资本进入足球领域，实现了足球发展由政府投入为主向社会投入为主的转变；活跃了足球市场，促进了人才流动，提高了足球的社会影响，提升了足球的自我生存和发展能力；对创新体育项目管理模式进行了积极探索，为体育改革积累了有价值的经验；与世界足球发展进一步接轨；足球开始融入社会经济生活，体现出当代体育的综合效应和价值。

　　足球职业化改革是一种新生事物。改革之初，由职业俱乐部参加的职业联赛给广大球迷带来了全新的感受，在社会上形成了一股足球热潮，巨大的市场效应吸引了更多的社会资本进入足球领域。但随着足球职业化的不断推进，一些深层次问题也逐渐显现，影响了职业足球健康发展。2003年，第二次全国足球代表大会在河北香河召开，会议颁布了《中国足球十年发展规划》，开展足球管理体制和运行机制的改革、发展职业联赛、加强国家队管理、建设足球后备人才梯队。此次会议的召开标志着甲A联赛的落幕。2004年8月，以北京国安为首的7家俱乐部爆发了"G7革命"，要求实现"政企分开，管办分离"的体制。随后，中国足协成立了中超公司，对职业联赛和俱乐部进行市场化规划，但是中超联赛环境并没有因此好转。

　　20年的职业联赛历程，可以分为3个时期：1994—2002年是联赛起步发展。职业化初期虽然粗糙，但改革已经是人心所向，因此孕育着一种天然的生命力。1994年4月7日，全新冠名的足球甲A联赛在成都正式开幕，开启了中国足球一段激情燃烧的岁月。职业联赛的起步生机勃勃，并很快踏入发展快速通道。这一段时期，中国男足国家队也受到各地球迷热捧，职业联赛打造的郝海东、范志毅、马明宇、魏群等赫赫有名的国脚一时间红遍大江南北，国家队尽管没能打进世界杯决赛圈，但却被球迷认为是史上最强的一代。

　　2002年，职业联赛冠名费达到顶峰。同年中国男足在神奇教练米卢的率领下进军韩日世界杯，实现了中国几代人走出亚洲冲向世界的梦想。谁也不能否认，职业联赛在中国足球实现这一历史性突破中的重要作用。2003—2010年间，联赛冠名费和国家队战绩逐年下降，2005年联赛甚至出现了"裸奔"情形。2011—2013年，中超联赛开始逐渐回暖，球迷重新回到体育场，赞助商纷纷解囊，投资人也加大了投资力度。尽管中国国家队战绩依然不高，然中超联赛的重新复苏让人看到了中国足球的希望。

二、管办分离改革深化阶段

2012年初，中国足球协会出台了《中国足球职业联赛管办分离改革方案（试行）》（以下简称《方案》）。该《方案》将"管"联赛的权力下放到中国足协授权成立的职业联赛理事会，"办"商务的权力给予合股组建的中超公司。但《方案》所提出的联赛管理结构、理事会权利义务，以及中国足协拥有36%的股份的事实证明，中国足球协会及其隶属的政府职能部门实际依然控制着联赛的核心要素，这受到社会大众和学界的强烈质疑。2015年2月，中央全面深化改革领导小组第十次会议审议通过了《中国足球改革总体方案》，赋予中国足球改革极高的战略地位的顶层设计，对深化改革中国足球职业联赛做出了重要指示，强调要有效实现联赛的管办分离、政企分开。因此，如何才能进一步推进中国足球职业联赛发展，为中国足球振兴探索出新体制，为深化中国职业足球管理体制改革寻求可行性的新路成为值得研究的焦点问题。

2015年3月16日，国务院办公厅颁布《中国足球改革发展总体方案》，标志着中国足球新一轮改革的开始。《方案》制定了足球的发展规划，指明了中国足球发展方向，将足球发展归纳为社会经济发展的范畴。《方案》中对发展振兴足球运动有明确的认识，将足球运动定位于国际高竞争力项目的"龙头"与重点突破口。做好"顶层设计"，付诸实际行动，转型发展和攻坚克难"高精尖"的足球运动，对于中国竞技体育发展结构转型升级的意义，乃至对于中国经济结构调整和转型升级的示范作用，提升至新的战略认识高度。《方案》中指出："党的十八大以来，以习近平同志为总书记的党中央把振兴足球作为发展体育运动、建设体育强国的重要任务摆上日程，足球运动具有广泛的社会影响，深受广大群众喜爱……坚定不移地推进改革、振兴足球，顺应人民群众新期待，提升中国体育大国形象,实现体育强国梦的实际行动①。"为切实支持国家体育战略转型与布局,教育部将"三大球"项目(足球、篮球、排球)、基础项目(田径、游泳、体操)、民族体育项目(武术)列为七大重点项目,强调足球运动的改革"龙头"和示范引领作用,具有明确的针对性②。《方案》的提出与实施,不仅在形式上与中国政治社会实际相契合,更大的贡献在于提出了一个全新的中国特色足球治理理念,即发展足球不是体育部门一家独管的事情,它涉及国家利益,实现经济提升,普及民众健康等价值功能。举国足球给我们一个明确清晰的发展理路,那就是中国体育发展必须和习近平总书记提出的"四个全面"战略布局一样,同样做到四个全面,即政策上全面实行"管办分离",清除足球改革障碍;经济上全面追求效益,服务社会经济;受众上全面拓展学校人群,夯实大众体育基础;服务上全面惠及民众,充分调动亿万人民参与足球运动的积极性与主动性③。

三、职业联赛管办分离的政策制度演变

(一) 股份制改革阶段 (2004—2009 年)

2004 年爆发"中超资本革命",以大连实德俱乐部董事长徐明发起的 7 家俱乐部董事长联合起来要求中国足协退出对职业联赛的管理,仿效西方职业体育管理模式,由俱乐部发起共同组建职业联盟负责职业联赛的管理业务。该事件的最终结果是:在政府(国家体育总局)的出面协调下,中国足协选择与俱乐部妥协,并实施联赛股份制改革策略,于 2005 年成立中超公司,足协同意俱乐部以股东身份加入中超公司,与中国足协共同享有对职业联赛的管理经营权力。

---

① 郑志强,刘志民. 中国大国体育形象构建的困境与路径 [J]. 武汉体育学院学报,2012 (12):31-33.

② 黄璐.《中国足球改革发展总体方案》中的国家战略思想 [J]. 体育成人教育学刊,2015 (2):34-36.

③ 高治,郑原."足球改革"对中国体育发展的启示 [J]. 武汉体育学院学报,2017 (3):86-93.

(二)"管办分离"改革政策酝酿阶段(2012年至今)

由表1可知,2009年中超反腐结束后,政府逐渐开始重视联赛管理体制的改革创新,发表了很多带有官方话语性质的领导讲话与会议指示。前国家体育总局局长刘鹏批评了中国足协既是经营者又是管理者的双重身份,要求足协尽快"管办分离"。"在继续完善中国特色的举国体制下,按照市场职业化规律办事,制定并且要实施职业联赛管办分离方案,从组织机构上、民主决策层次上中国足协要授权,从政策上、从运行上,也就是足协不再进行日常的管理,更多的是发挥政策的制定和监督职能。"按照政府的指示精神,中国足协开始酝酿和研究中国足球管理体制的改革方案,力争稳步推进中国足球改革,逐步实现足球管理体制"政事分开、事企分开、管办分离"的目标,"足球职业联赛管理体制的改革是这次足球体制改革的一个重要组成内容"[①]。

2012年《中国足球职业联赛管办分离改革方案》(试行)迈出职业联赛改革的第一步。《方案》有效地推动职业联赛管理权和经营权的分离,将联赛管理业务从中国足协"独立"出去,成立职业联赛理事会来管理各级联赛,并逐步建立起适应现代足球职业联赛的管理模式[②]。2015年《中国足球改革总体发展方案》明确要求"进一步改革足球管理体制,推行政社分开、政企分开、管办分离,加快足球行业协会和行政机构的脱钩",推动职业领域管理体制机制改革,激发职业联赛发展新活力。《方案》第四部分"改进完善足球竞赛体系和职业联赛体制"中的第14条明确指出:"调整组建职业联赛理事会。建立具有独立社团法人资格的职业联赛理事会,负责组织和管理职业联赛,合理构建中超、中甲、中乙联赛体系。中国足球协会从基本政策制度、俱乐部准入审查、纪律和仲裁、重大事项决定等方面对理事会进行监督,派代表到理事会任职。理事会派代表到中国足球协会任职,参与有关问题的讨论和决策。"

重回制度层面分析联赛管办分离改革逻辑,是要不断理顺政府、足协和俱乐部这些利益主体的关系,让联赛运作真正回归市场,让市场在资源配置中起决定性作用,更好地发挥政府的监管职能。制度设计的关键在于让足协与政府脱钩,促进中

---

① 宋承良. 国家体育总局:足协将退出职业联赛日常管理角色[N]. 东方早报,2011-12-30(6).
② 郑志强,李向前. 中国职业足球联赛理事会构建的反思与重构[J]. 武汉体育学院学报,2017(3):22-28.

国足协实体化运营,将联赛管理业务从足协内部脱离出来,建立职业联赛理事会或职业联盟专门负责联赛管理。政府部门通过制定政策,并发挥政府总体激励与引导作用,"自上而下"地推动改革。协会加强内部自治能力,改革放权,将联赛管理业务下放给职业联盟负责,有更多的精力发挥行业监管和服务功能。

表1 职业联赛"管办分离"改革的相关政策

阶段	相关政策	足协退出联赛管理机制的重要指示
2004—2009年,股份制改革阶段	2004年中超资本革命 2009年底足坛掀起反赌风暴,"管办分离"再次成为中国足球改革的重要关键词	俱乐部要求中国足协退出联赛管理层,组建由俱乐部共同成立的职业联盟执行联赛管理 2009年足坛反腐,对于管办分离的说法是"将联赛彻底与足协划分开,即把联赛运营整体移交给新的职业足球联赛管理公司,该公司独立于中超公司之外,按照现代企业制度推进整个联赛,按照公司法组建董事会,分别成立品牌拉升、商务推广、竞赛运行等团队,每一个团队选一个职业经理人来负责管理"
2009—2012年,酝酿阶段	2012年《中国职业足球联赛管办分离方案》	成立职业联赛理事会,专门负责联赛管理业务,中国足协对理事会进行业务指导与监督
2012年至今正式执行阶段	2014年11月4日,中纪委监察部网站转发《中国纪检监察报》的评论文章,点出中国足球管理乱象,再度将经历反赌扫黑、成绩让球迷不满的中国足球推上风口浪尖 2015年《中国足球协会调整改革方案》	"中国足球的很多问题并不完全是由管理部门引起的,但职业化改革的不充分、不彻底,特别是管理部门的不作为、乱作为,却是导致其逐步走向深渊的主要原因。" 积极转变政府职能,理顺政府与中国足协管办不分、政企不分的管理体制,确立职业联赛理事会的法人地位,与中国足协为平级,不受足协所控制。与中国足协保持业务合作联系

资料来源:根据文献和相关网站数据总结而成。

第二节　中国足球职业化改革的问题辨析

一、利益管理机制缺陷

(一) 政府干预过度

职业联赛的运营主体，不论是中国足协旗下的中超公司，还是后来的中超委员会、中超联赛股份公司，都带有明显的政府行为特征，联赛运营实体的代理人缺位现象凸显[①]。职业足球联赛发展初始，依赖政府自上而下推动，实践中遵循行政理性，往往专注于政府擅长的行政职能。在足球改革领域，1994年搭建职业联赛竞赛平台，1998年推出职业足球俱乐部企业法人注册资格准入条件，2004年改革中国足球甲级A组联赛为中国足球协会超级联赛，2005年成立中超公司，以及2016年落实管办分离改革，推进中国足球协会去行政化，都呈现出一种政府依赖。从中国足协成立的历史状况来看，中国足协是在政府的倡导或推动下成立的，并非社会力量兴办而起。从政府"脱胎"而来的足协，由于自身力量薄弱，依附性强，为了寻求身份认可与政策支持，不得不挂靠在政府部门之下。政府为了实现对足协更好地控制与管理，成立了足球运动项目管理中心。足管中心作为国家体育总局设置的具有行政管理职能的事业单位机构，对足协具有全面的管理职能，导致足协内部出现"两块牌子，一套人马"、政会不分的现象。在政府的集权管理体制下，政府部门既是足球行业监督管理的公共管理者，又是举办中超联赛的最大出资人，既是"运动员"，又是"裁判员""教练员"等，集多种角色于一身，政府管了许多不应该管、也没有管好的业务；同时，许多足球发展领域的政策规划、法规建设、校园足球、场馆建设、公共服务等本由政府管的，政府却因为精力不够而无暇顾及，导致政府对足球事业包办过度，统

---

① 张兵，仇军. 经济社会学视域下中国职业体育市场生成逻辑及发展策略选择[J]. 体育科学，2017 (7)：12-13.

得过死，管理主体单一，治理效率低下。

（二）管理市场化与法治化程度低

我国职业体育发展恰逢我国社会转型期，同时社会主义市场经济仍不完善，社会主义法治社会仍处于建设之中，社会矛盾多发、市场机制不完善、社会法治化水平低是这一时期的基本特征。借由政治、经济、社会管理体制改革生成的我国职业体育，自身运行体制机制尚未成熟，尚未找到适合我国国情和体情的运行规律。两者的叠加效应，往往使得我国职业体育面临众多社会问题，而且相关问题更多是职业体育（甚至于体育领域）自身无法圆满解决的。

我国职业足球市场化起步较晚，职业足球联赛最早主要由政府出资搭建，足球职业化改革的动因在于市场经济下巨大外部利润的形成、固有制度的非均衡性与政府主导的强制性制度变迁；改革经历了甲A阶段和中超阶段，前一个阶段主要表现为制度变迁的帕累托改进，市场得到开拓，各方总收益良好；后一阶段主要表现为制度变迁的非帕累托改进，原因在于利益主体非一致化，制度变迁遇到瓶颈，奥运战略下的路径依赖制约了足球改革进一步深化[①]。政府主导的制度变迁要与社会的诱致变迁相互协调；渐进改革与强制变迁要正确对待；改革中的制度非中性不可忽视，要进行规制引导，利益主体关系的变异性应进行及时的研判与调适。

二、联赛产权不清晰

2006赛季，中超15支俱乐部有8支俱乐部处于单一股东100%控股状态。而单一股东控股超过50%的俱乐部有14家，也就是有93%的俱乐部处于绝对控股状态。虽然大股东可以专心经营俱乐部，但大股东只注重个体利益，不考虑俱乐部的长远发展。但由于职业足球需要长期投入才会产生效应，多数股东由于投资回报利润少，纷纷选择转让股权退出职业联赛的投资。从1994年至2005年，有58%的职业足球俱乐部产权进行了更换[②]。股份制亦称"股份经济"，是指以

---

① 龚波.制度变迁：中国足球职业化改革的动因、进程与反思 [J].体育学刊，2012（1）：25.
② 张吉龙.激情英超 [M].北京：光明日报出版社，2005：39.

入股方式把分散的、属于不同人所有的生产要素集中起来统一使用、合理经营、自负盈亏、按股分红的一种经济组织形式。也是企业财产所有制的一种形式①。股份制的基本特征是生产要素的所有权与使用权分离，在保持所有权不变的前提下，把分散的使用权转化为集中的使用权。股份制是与商品经济相联系的经济范畴，是商品经济发展到一定程度的产物。它在自身发展过程中，经历了几个不同的社会历史阶段，并采取了不同的具体形式。股份制企业是指两个或两个以上的利益主体，以集股经营的方式自愿结合的一种企业组织形式。它是适应社会化大生产和市场经济发展需要、实现所有权与经营权相对分离、利于强化企业经营管理职能的一种企业组织形式。

当联赛的收益都为事业单位资产收益时，组织的实体化自然无从谈起。如此来看，建立具有法人企业性质的联赛实体化运行组织就成为解决问题的关键所在。联盟是利润追逐游戏的产物，是复杂市场竞争格局下衍生出的合作竞争组织样式，利益共同体是其基本特质。然而我国的职业联赛，不论是中国足球联赛，还是篮球联赛、排球联赛，都没有给予形成利益共同体的空间与机会。联赛层面的产权不清、管办不分等由于体育行政改革滞后诱发的体制性障碍阻断了利益共同体形成的可能，联赛更多表现为消减奥运争光负担、顺应市场化改革的政府举措，而实体化的俱乐部可能仅充当"陪玩族"的角色。

三、市场方面商业发展逻辑扭曲

（一）球员身价虚高

2015 年中国足球超级联赛在冬季和夏季的引援投入排行世界第二，仅次于英格兰足球超级联赛。2012 年，中超联赛 16 支球队单赛季投入超过 30 亿人民币，一些财力雄厚的球队亦网罗了如德罗巴、阿内尔卡、凯塔、罗申巴克、卡努特、雅库布、巴里奥斯等球星。2016 赛季，中超冬季转会市场上，中超 16 支球队总共投入达到 3.34 亿欧元（约合人民币 24 亿元），中超也因此超越英超，成为 2016 年冬窗最"烧钱"的联赛。转会市场方面，中超联赛转会费总计达到 40

---

① 百度百科. 股份制 [EB/OL]. http：//baike.baidu.com.

亿元。尽管中超联赛的整体营收有所增长，但俱乐部层面却仍全面亏损。据《报告》统计，中超16队本赛季总收入72.3亿元，总支出达到82.9亿元。2016年，中超俱乐部运营成本水涨船高。

（二）球迷结构不合理

根据中超公司的数据，2016年中超电视累计收视人次达到2.84亿，而在新媒体方面，乐视体育累计观看人次达到6亿。然而，中超的付费观赛收入仍然是零，相比之下，英国球迷在本土看英超每个月最低要花费约312元人民币，日本球迷在当地看J联赛也需要每个月花费大约187元人民币，中国球迷依然是在免费观看世界排名第五的职业联赛。1/3球迷从未买过中超衍生品，有将近60%的球迷是一个人在看球，这或许跟设想的球迷观赛的场景很不同，说明中国球迷观赛的群体很孤独。"这也让我们知道接下来应该做一些什么工作，可以让这些球迷联合起来，让他们去酒吧，让他们联系在一起去看球，这里面还有很多的工作可以去做。"

（三）联赛利益分配失衡

在联赛利益具体的分配中，足协往往充当政府的利益代表，忽视了俱乐部的利益诉求。俱乐部对"投入—受益"不均衡现状极为不满，为了维护自身利益，俱乐部会联合起来与足协相抗衡，争取属于自身更多的权力，而中国足协也会与俱乐部在联赛产权方面展开博弈。双方对于职业联赛的五权划分，中国足协享有所有权、监督权；职业联盟享有联赛的管理权、经营权和利益分配权。协同治理是解决职业体育产权博弈的有效途径。协同治理注重协调各利益主体的相互关系，让各利益主体相互信任、加强沟通与合作，协同治理正是在各方共同参与、相互合作的公平环境中实现利益最大化。

2002赛季，足协出于应战世界杯的需要，擅自改变比赛进程，并且已经两年取消升降级，不利于百事可乐的宣传。同年12月，足协为了政治利益，让运动员前往了参加巴林四国邀请赛。正逢甲A联赛的颁奖典礼，可是表现优异的运动员都一同前往了国外。因此，非常需要建立利益相关者协同监管体系，搭建一个高度透明、客观、独立、公允的责任系统，俱乐部建立健全规范化的管理制度和相应的运行机制,以满足现代职业足球运动前进的需要①。2004年"中超资本革命"事件的爆发,使得联赛利益相关者之间的冲突升级。此后,为了缓解利益冲突,中超公司成立,中超公司注册资金为500万元。其中,中国足协出资100万,占股份20%;14家俱乐部共出资320万元,占股64%,剩下16%的股份由足协预留代持。按照中国足协章程规定,职业联赛收入的5%作为中超公司的代理运营费,公司盈利缴纳1/3的营业税和相关运营成本后,剩余的收入由中国足协与俱乐部按持股比例分配。在具体的分配中,中国足协分配占20%左右②。2005年中超公司的成立虽然实现了联赛股权与产权的分离,但中国足协以26%的股份入驻中超公司成为最大股东,中国足协代表国家成为足球资源与利益分配的主要决策者,很大程度上掌握了职业联赛的控股权与受益权。2005年,中超公司的分红为20%,不得少于2500万元的保底限额规定。2006年,足协直接规定分红比例为10%,其他股东份额分成由4%增加到6%。2008年各俱乐部分红只有150万元,再加打印机一台和750箱啤酒。如2006年中超联赛营收突破15亿元,16家俱乐部利益分红高达6000多万元。2016年中超联赛收入87.33亿元,总支出却高达92.38亿元,有12家俱乐部经营亏损,亏损达46.45亿元。球队商业价值降低,赞助商频繁更换,主场上座率低迷,经营不善。具体收益的分配时,作为行政管理机构的足协分得4000多万元,而14家职业足球俱乐部共分得5600万元③。

(四)联赛股东之间利益冲突不断

中国职业足球联赛利益博弈的主体是中国足协与各俱乐部之间,两个利益主体分别代表权力与资本进行博弈。在利益分配方面,俱乐部一直认为中国足协从联赛中提成的比例过高,足协却对此不以为然,由此形成了政府与俱乐部之间长期的利益博弈。中国职业足球联赛收益分配主要由中国足协控制,俱乐部对"投入—受益"不均衡现状极为不满,俱乐部与足协之间矛盾激化,"假赌黑"现象蔓延,双方利益矛盾冲突逐渐严重。从中超联赛竞赛规程第27条可知,中超委员会将承担中超联赛整体组织费用、中超联赛比赛监督费用、向赛区委员会下拨

---

① 熊瑜. 职业足球利益相关者治理[D]. 南昌:江西财经大学,2016.
② 梁伟,梁柱平. 中国足球超级联赛竞技收益分配机制——基于利益相关者理论的视角[J]. 西安体育学院学报,2014(5):513-517.
③ 王庆伟. 我国职业体育联盟理论研究[M]. 北京:北京体育大学出版社,2007,95.

基本经费及其他可能的经费,俱乐部需要承担场馆租赁费用、客队比赛用车费用、客场比赛差旅费,以及象征性地向协会每次缴纳 1 元人民币和向会员协会缴纳 2.5% 的门票总收入。扣除中超公司的经营费用后,每个中超俱乐部可以平分到 4% 的整体开发经营费用。由此可见,联赛的所有资源由中超公司代理经营,但作为运动员、教练员等投入生产要素的赛事主要生产者——职业俱乐部却无法获得相应的收益权[①]。

(五) 俱乐部经营普遍亏损

由图 2 可知,中超俱乐部利益分红逐年增加,但多数俱乐部仍处于亏损状态。2012 年,16 家俱乐部投入 30 亿元打造最贵中超。2016 赛季中超冬季转会窗口于 26 日关闭,根据德国网站《转会市场》的数据,在这个冬季转会市场上,中超 16 支球队总共投入达到 3.34 亿欧元(约合人民币 24 亿元)。中超也因此超越英超,成为 2016 年冬窗最"烧钱"的联赛。但从我国职业足球市场经济价值分析,除了经济增长比例较低,还难以达到整体盈利状态。以足球竞赛表演业为例,2016 年中超联赛营收突破 15 亿元,16 家俱乐部利益分红高达 6000 多万元。2016 年中超联赛收入 87.33 亿元,总支出却高达 92.38 亿元,有 12 家俱乐部经营亏损,亏损达 46.45 亿元。2016 赛季中超俱乐部总收入达 70.82 亿元人民币,而当年俱乐部总支出 110.14 亿元人民币。中超联赛收支极其不平衡,收入结构不合理,过于单一的收入来源导致亏损成了中超的主旋律[②]。

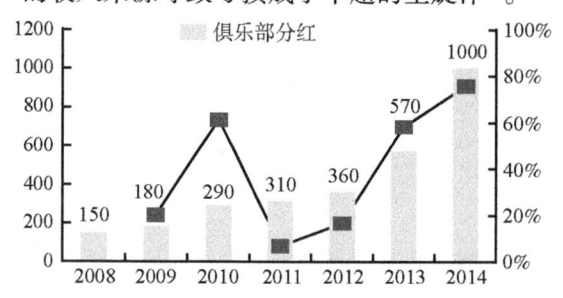

图 2 中超俱乐部利益分红数值变化(2008—2014 年)

数据来源:网易体育、广发证券发展研究中心。

---

① 郑芳. 基于要素分析的职业体育治理结构研究 [M]. 杭州:浙江大学出版社,2010:140.
② 足球产业规划落地将意味体育产业正进入加速发展期 2018 - 08 - 03http://www.chinabgao.com/info/85579.html.

由图 2 可知，近年来中超俱乐部总收入和总支出呈飞速发展趋势，但多数仍入不敷出，俱乐部仍然处于亏损阶段，2014 年仅有 5 家俱乐部实现盈利。俱乐部收入模式较为单一，赞助商的广告投入占比很大，俱乐部对赞助商依赖较高。转会收入逐年增长，展现上升潜力。版权收入和分红依然占比有限，门票收入存在着较大盈利增长点。2014 年中超分红创造了历史性的飞跃，营收接近 2.5 亿元，成本之外每家俱乐部拿到了 1200 万元的分红。而未来 5 年仅每年转播费就高达 16 亿元，中超各队也将集体过上幸福的日子[1]。中超各俱乐部将因为天价版权而获益，去年每家中超俱乐部从中超公司取得了 1200 万元的分红，而未来 5 年仅电视转播权就可以让他们平均每年拿到 6400 万元的分红，这还不算中超其他的营收费用，即便中超公司要除去支出成本，但各俱乐部实际到手的红利只会多，不会少。这次中超版权卖出 5 年 80 亿元的天价，最大的受益者当然是足协和各家中超俱乐部。即便按照体奥动力前两年每年支付 10 亿元、后三年每年支付 20 亿元的付款方式，明年仅中超版权的分红也能让每家俱乐部拿到 4000 万元。如果再算上中超公司其他营收费用，明年每家俱乐部拿到 5000 万元左右的分红应该属于正常范畴。

---

[1] 姜山. 中超商业价值无愧亚洲第一分红 10 年翻 100 倍［EB/OL］. http：//sports.qq.com.cn/a/2015/09/26/shtml.

第三章 职业体育利益机制及利益博弈

第一节 中国职业体育管理体制

中超联赛管理体制

中国足球超级联赛（Chinese Super League，CSL）是由中国足球协会组织、中国最优秀的职业足球俱乐部参加的全国最高水平的足球职业联赛，仿照英格兰足球超级联赛，简称为中超联赛。2004年，中国足球协会在总结中国10年职业足球的基础上，为进一步提升中国职业足球竞赛水平和品牌，正式推出"中国足球协会超级联赛"。中超联赛开始于2004年，其前身是创立于1989年的原中国足球甲级A组联赛组联赛（简称甲A联赛）。1989—1993年的联赛仍只是联赛专业阶段，并不能算是真正意义上的职业联赛。

1994年4月17日，全国足球甲A联赛在成都正式开幕。首届职业化联赛有12支球队参赛，采取主客场双循环赛制。首届甲A联赛掀起了群众看球热情，成都队和延吉队场均观众达到4万人以上。1995年1月，国家体育管理委员会足球运动管理中心成立。由于甲A联赛的开办，以及国际大赛上不俗的表现，越来越多的中国球员进入了欧洲俱乐部球探的视野，多名中国球员走出亚洲，征战欧洲。1998年5月，北京国安球员杨晨奔赴德甲球队法兰克福试训，出色的表现赢得了球队的赏识。1998年7月杨晨正式签约法兰克福，合同期为4年，转会费为375万人民币，杨晨因此成为中国球员中征战欧洲五大联赛的第一人。1998年8月，上海申花球员范志毅、大连实德球员孙继海与英甲俱乐部水晶宫队正式签约，成为首批登陆英伦足球的中国职业球员，两人的转会费总额达到100万英

67

镑，个人年薪达 20 万英镑。

（一）中超公司

由图 3 可知，中超公司为中国足协下属的股份制有限责任公司。公司章程规定：中国足协占据 36% 的股份，其余 64% 的股份由 16 家俱乐部平均持股，每家为 4%。中超公司直接对中超联赛各大股东负责，实际工作就是负责给足协和各大俱乐部赚钱，在扣除每年的运营费用之后，剩余的钱交给股东分红。2005 年由中国足协和 16 家俱乐部共同出资组建，成为在国家工商总局登记备案的企业法人组织。组织内部结构由股东会议、董事会、经理层、监事会构成，经理层下设办公室机构，实行股东会、董事会民主决策，董事会、经理层负责具体运营，监事会进行监督的法人治理。股东权利结构决定公司内部治理结构，中国足协出资 36%，16 家俱乐部出资 64%。中国足协以超过 1/3 的股权，拥有对修改公司章程和变更公司性质，或解体公司重大问题决策的否决权。董事会由 8 人组成，足协 2 人，俱乐部 5 人；监事会 5 人，足协 1 人，俱乐部 2 人，公司职工代表 2 人。监事会主席由俱乐部 1 人担任。

良好的股权结构对公司保持和谐氛围与稳定发展有积极影响。但如果企业中存在持股比例较高的大股东，就会产生仅为大股东享有的控制权私利，而且大股东常常会损害中小股东的利益。特别是大股东处于财务困境时破产清算和控制权丧失概率的增加，会导致其侵害小股东权益概率的增加。职业体育赛事作为一种商业化、市场化运营的商品，由不同的投资人（股东）出资组建，股东之间的利益博弈关系及其协同治理一直是职业体育研究的重要内容。

通过股份制公司这种财产组织形式，可以把不同形式、种类的资本组合在一起，形成资本集聚，充分发挥社会资本的力量。通过股份制公司这种财产组织形式，可以把分散的、不同层次、不同水平的生产力迅速联合成为集中的、高层次的、集约的社会生产力，才能真正构造成跨地区、跨行业、跨所有制、跨国经营的大企业集团。通过股份制公司这种财产组织形式，可以形成新的监督和激励运作机制。国家按投入企业的资本额享有所有者权益，对企业的债务承担有限责任；企业依法自主经营，自负盈亏。明确股份制是公有制的主要实现形式，公司法人财产只能属于公司法人所有，而并非是股东所有。任何股东作为个人，无权干预公司法人对自己的法定财产行使各项法定权力。

（二）职业联赛理事会

现行的中国职业足球联赛组织架构中，存在多种管理联赛事物的主体，包括中国足协、理事会、中超公司、职业足球联盟、中甲公司、中乙公司等。中国足协是根据国家《体育法》设立的负责中超、中甲、中乙联赛组织工作的机构，具体包括竞赛规则制定、联赛赛程、竞赛处罚、技术监督等职责。2012年成立的职业联赛理事会是中国足协依据章程特殊成立的、相对独立的、专门管理我国足球职业联赛的机构。理事会由中国足协代表、俱乐部代表、地方协会代表、中超公司代表以及特邀专家代表组成。足协通过授权理事会管理联赛的相关事宜，对理事会的议案拥有最终否决权。中超联赛股份有限公司（以下简称中超公司）成立于2005年，是由中国足协与16家中超俱乐部共同出资组建、在国家工商总局登记的企业法人组织，主要负责联赛的商务运作。中超公司具有独立法人资格，依据《公司法》独立运作，与联赛理事会没有隶属关系。中国足协凭借最大股东的身份优势入驻中超公司，涉及联赛的商务开发、市场经营等业务。理事会受中国足协委托，对中超公司工作进行指导。

中超联赛职业联盟与中国足协的法人地位平等，属于同一级别的国家足球行业的非营利性社团法人。足球联盟内部设置中超、中甲、中乙3个组，下设由中超、中甲、中乙俱乐部推选人员组成的联盟执委会，执委会下设中超、中甲、中乙俱乐部组成的负责各自事物的工作组委会。职业足球联盟成立后，将取代职业联赛理事会执行局对联赛的管理权力。对于中甲联赛与中乙联赛的商务运营，联盟将构建与中超公司平行的中甲公司与中乙公司。中甲公司与中乙公司成立后，职业联盟将收回足协市场部对中甲与中乙联赛的商业开发权，交于中甲与中乙公司负责。

（三）职业联盟

深化足球改革，将在根本上促进中超联赛直至整个中国足球产业的发展。成立职业联盟，从竞赛部（联赛事务局）、市场部、财务部、技术部、法务部到纪律委员会一应俱全。职业联盟成立之后，目前属于中超公司的赛事组织等可能会交给职业联盟，继续专注于中超联赛的商务运营。职业联盟成立之后，中甲和中

◎ 职业体育利益博弈的协同治理机制研究

乙的商务运营将会由职业联盟具体运营①。我国职业体育联盟当前的博弈范式为行政主导型,这也是长期处于社会主义初级阶段的国家性质所决定的。足球联盟的成立,意味着中国足协改革正式迈入实质性深入操作阶段,赛事管理与运作团队的市场化及全面细化将极大地提升中超联赛整体商业运作水平,各个足球俱乐部利益也能够得到更好的保障。另外,职业联盟的进一步独立,将大幅改善此前中国足球联赛管理者为人诟病的赛事组织管理、执法及青少年培训等一系列机制缺陷,大幅增强中超联赛的职业程度。

职业体育联盟作为一个法人实体,股东及其他潜在股东、债权人与职业体育联盟之间的关系,分别体现为股票市场和借贷市场;在经营者、雇员和顾客方面则分别表现为经理市场、劳动力市场和产品市场。因此,作为职业体育联盟治理的"各利益行为主体的来源,是紧密地与各市场环境相关联的",其健全与否将直接影响联盟治理的绩效。其中,股东会、董事会、监事会和经理相互制衡共同实施对联盟的内部治理,内部治理是《公司法》所确认的一种正式制度安排,它构成职业体育联盟治理的基础,主要包括联盟的董事会、管理层以及雇员。

现阶段,我国职业体育联盟虽然从表面上看已经完成了公司制改造,但实际上缺乏公司制的实质、内涵和功能,联盟国有资产代理人虚置的状况并没有得到根本改变。政府作为联盟产权代理人的身份使仍然保留了干涉联盟正常运营的权力,以使联盟的运作服从政府组织的行政目标。我国政府组织应该退出我国职业体育联盟的组织结构,或者如英国足协当年的类似作法,仅在联盟内保留一个决定性的投票权,如果发现联盟有违背体育道德和精神的行为,有违反国际单项体育联合会基本精神的活动,有损害国家主权的言论和行动等行为,拥有一票否决权,使联盟完全变为一个由各俱乐部行为主体组成的经济组织。这样,新组织形态下的联盟就会自我重视联盟剩余按要素贡献进行的创造和分配,由此走上一个良性的发展轨道。联盟各主体在创造和分配联盟剩余的时候,基本上处于一种对联盟"剩余控制权和索取权分配共享与平均的特点",各俱乐部之间是一种协作机制下的竞争关系②。

---

① 王庆伟. 我国职业体育联盟理论研究 [D]. 北京:北京体育大学博士研究生学位论文,2004:2.
② 王岩,张皞昕. 论我国职业体育联盟的治理结构与财务监控 [J]. 财会研究,2010(10):78-80.

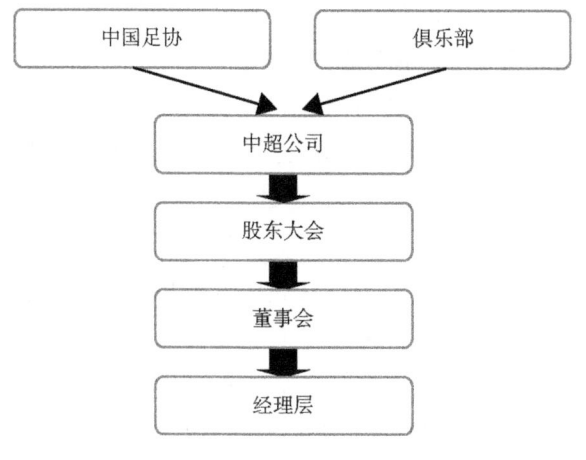

```
┌─────────┐      ┌─────────┐
│ 中国足协 │      │  俱乐部  │
└────┬────┘      └────┬────┘
     └──────┐  ┌──────┘
            ▼  ▼
        ┌────────┐
        │ 中超公司 │
        └────┬───┘
             ▼
        ┌────────┐
        │ 股东大会 │
        └────┬───┘
             ▼
        ┌────────┐
        │  董事会 │
        └────┬───┘
             ▼
        ┌────────┐
        │  经理层 │
        └────────┘
```

图3　中超联赛管理组织架构

第二节　国外职业体育管理机制

一、NBA 联盟管理机制

NBA 是美国国家篮球联盟（National Basketball Association）的缩写。美国四大职业体育组织为棒球联盟、橄榄球联盟、冰球联盟和篮球联盟。NBA 虽然不是北美地区观众最多的联赛，但却是世界上最全球化、影响力最大的职业体育组织，现在正以 42 种语言向 212 个国家直播赛事，7.5 亿个家庭在观看 NBA 赛。NBA 发展初期只是一个自娱自乐的业余联赛，没有任何商业元素。直到 1953—1954 赛季，NBC 电视台第一次转播 NBA 的 13 场比赛，付给 NBA3.9 万美元。1973—1974 赛季，哥伦比亚广播电视台（CBS）与 NBA 签订合同，付给 NBA 3 年 2700 万美元的转播费。这之后，CBS 与 NBA 共续约 4 次，到 1986—1987 赛季，NBA 转播费用已经涨到 4 年 1.74 亿美元，是 13 年前的 5 倍。

NBA 是全美职业化程度最高的体育赛事，NBA 的成功离不开其商业运作模式。由图 4 可知，NBA 联盟经营体制机制权责划分非常明确，NBA 联赛的经营体制由俱乐部和联盟共同构成，俱乐部是以盈利为目的的企业法人，而联盟是一个非营利为目的的商业组织，不是政府机构。联盟负责赛事的组织、推广和经营，协调和处理俱乐部之间的经济纠纷和利益。董事会是联盟的最高权力机构，是由各俱乐部老板或者指定代表组成。董事会由总裁、办公室、副总裁和业务负责人组成。董事会和总裁及各部门是雇佣关系。董事会拥有决策权。俱乐部的"私权"和联盟的"公权"边界非常清楚。联赛的公共事务委托给联盟处理，联盟不干涉俱乐部日常运营。联盟没有自己的利益，只维护股东利益，只维护成员利益。

国家篮球联盟作为美国最大的篮球联盟，但却不是唯一的篮球联盟。NBA的目的很明确，就是要赚钱。NBA联赛也由最初的单纯体育比赛发展成为美国的体育支柱产业。NBA之所以日益强盛，其中很重要的一点就是NBA建立了一套与市场经济接轨的管理体制和商业公司形式的运行机制。

NBA的成功给我国职业联赛提供了宝贵的经验。集中体现在：①NBA联盟内部具有严密的组织机构，NBA的董事会、总裁和俱乐部之间层次清晰，责权分明，为NBA联赛的正常运行提供了可靠而有力的框架支撑。②NBA联盟探索出了一套完善的运营方式。NBA董事会是NBA联盟的最高权力部门，它由29支球队的老板或老板指定代表组成，每年11月召开一次董事会，如遇到重大事情也可临时举行会议。NBA董事会拥有诸如球队增减、主场变迁等重大事件的决定权，且对重大事件的决定是通过投票形式进行的，当票数在四分之三以上时生效，反对者无条件服从。总裁和副总裁是NBA联盟的最高行政领导者，他们受聘于NBA董事会。总裁拥有处理NBA联赛日常事务和纠纷的权力，如遇到重大决策，总裁需要向董事会通报并征得同意后方能实施。

NBA联盟管理职责划分也是一个逐步细化的过程。NBA董事会的职责是保证NBA大联盟的整体利益，协调各俱乐部之间的利益冲突。NBA总裁的职责是对29支俱乐部进行行政管理和监督下属公司在其职责内开展工作。资产公司、娱乐公司等几大职能公司的职责更加详尽，分工更加明确。它们以NBA联赛为轴心，分别围绕着市场开发、球员培训和广告宣传等诸多层面开展服务工作。从内部结构来看，由董事会到职能部门都有详尽的工作范围和职责，且层层负责，如果任何一环出了问题，都可以追溯到具体部门乃至个人。再者，从球队老板到普通员工，他们的利益都与NBA发展休戚相关，所以由1300多人组成的庞大联盟尤如一部列车一样有序地运转着。联盟负责赛事组织、推广与经营，负责处理协调俱乐部之间的利益纠纷。董事会是联盟的最高权力机构，是由各俱乐部老板或老板指定代表组成。董事会由总裁办公室、副总裁和业务负责人组成。董事会与总裁及各部门是雇佣关系，董事会拥有决策权、联盟赛事经营权、竞赛规则制定与修改、员工雇佣与培训。

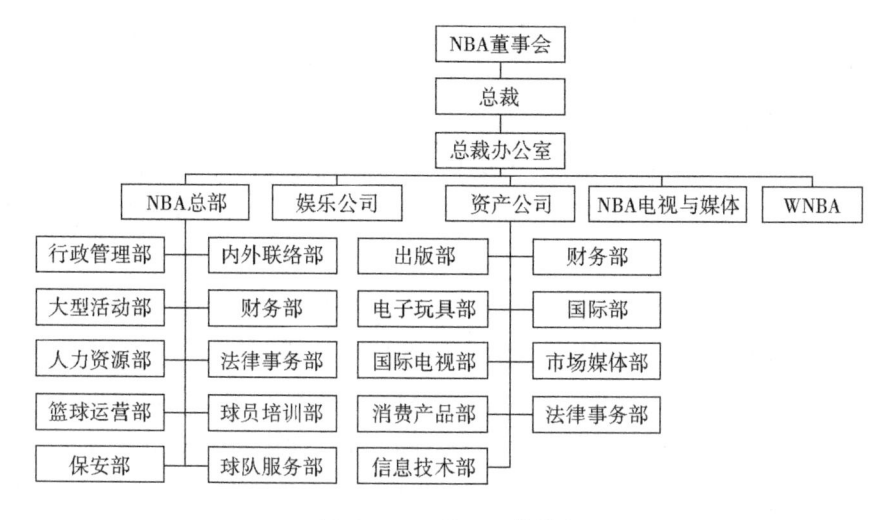

```
                        NBA董事会
                           │
                          总裁
                           │
                        总裁办公室
        ┌──────────┬──────┼──────┬──────────┐
      NBA总部    娱乐公司  资产公司  NBA电视与媒体  WNBA
    ┌─────────┬─────────┬─────────┬─────────┐
    行政管理部  内外联络部  出版部     财务部
    大型活动部  财务部    电子玩具部  国际部
    人力资源部  法律事务部  国际电视部  市场媒体部
    篮球运营部  球员培训部  消费产品部  法律事务部
    保安部     球队服务部  信息技术部
```

图 4　NBA 管理运营模式

资料来源：百度百科．NBA 组织架构和管理模式．

二、NBA 联盟利益分配机制

在 NBA 联盟成立之初，拥有货币资本的球队老板占据着绝对的统治地位。投资方拒绝承认球员工会的合法地位。随着美国经济的发展，市场经济由外延式扩张逐步转向内涵式延伸发展，以资金作为稀缺资源的货币资本让步于以竞技能力作为稀缺资源的人力资本。随着这一转变，NBA 联盟不同利益主体的地位也产生了变化。20 世纪 80 年代时，NBA 市场商业化运作取得了巨大成功，电视转播合同和赞助商为联盟注入丰厚的外部资本，球员联合起来要求参与联赛的收益分配。1983 年，俱乐部老板迫于球员的压力出台了"工资帽"机制[①]，通过该机制满足球员利益需求。

劳资协议由联盟管理层制定，用以限制球员薪资，提升小市场俱乐部的经济实力来签约球星，进而提升联盟整体的竞争力平衡。NBA 联盟协调不同利益主体的关系时主要从劳资间、球队老板间及球员间 3 个方面着手。

---

① Collective bargaining agreement [EB/OL]．[2005-06-20]．http://www.NBA.com.200506/2917357.htm.

①NBA联盟中包括诸多利益主体，而直接参与联赛利益分配的两大主体是劳资双方。②NBA联盟利益分配的全过程可以划分为4个阶段，分别是事前约束、事中约束、事后处罚及罚金返还。③NBA于事前约束阶段所使用的分配手段是契约分配；事中约束主要针对于球员、球队间及劳资间进行，所使用的分配手段主要包括额度限制、销售权控制、选秀、转会制度等；事后处罚阶段所使用的分配手段包括没收托管工资和征收奢侈税，罚金返还阶段所使用的分配手段包括托管工资、奢侈税及剩余款的返还。其目的是实现事前约束中所规定的契约分配比例。

在NBA组织架构中，联盟自身不是营利性机构，只有各成员的利益。NBA资金来源渠道主要有：广告赞助、电视转播权转让、球员转会、门票、标志产品的销售等。为了保证NBA不断健康发展，NBA联盟制定了一系列严格的法规制度，主要包括选秀制度、转会制度、工资封顶制度、"拉里伯德"条款及"交纳奢侈税"条款等。这些法规制度从不同的视角来协调联盟与俱乐部之间、俱乐部与俱乐部之间及球员与球员之间的关系，以保证利益分配的均衡性。NBA联盟官方制定了一份各球队雇佣的广播员和播音员的名单，而制定这份名单的目的是为了剥夺他们为联盟各项奖项投票的权利。这并不是针对各支球队所在地的媒体，而是瞄准了那些由球队出钱聘请的工作人员①。

三、欧洲五大职业联赛治理体系

（一）欧洲五大职业联赛治理机构的具体职能划分

由表2可知，欧洲五大职业联赛除了英超联赛由职业联盟独立经营管理之外，其他四大联赛管理均属于协会下联盟自我管理的联赛经营模式，即协会和联盟共同负责管理职业联赛。联盟内部治理结构类似于现代公司管理体系。联盟由最高权力机构会员代表大会（等同于股东大会投票选举权）、执行委员会（董事会投票决策权）与监事会（财务与管理者行为监督）构成。职业联赛的经营业务（办赛权）主要由联盟及其内部的董事会负责，董事会是联盟管理业务的核

---

① 百度百科. NBA与CBA之管理体制比较之研究 [EB/OL]. http://baike.baidu.com.

心机构，主要负责联赛决策、战略制定、联赛商业开发运营、财务管理等核心管理内容。在欧洲五大职业联赛联盟董事会决策机制中，决策投票权基本由职业俱乐部享有，足协不享有联赛决策投票权，足球协会只负责本国职业联赛市场竞争环境监管，从法律、财务等大的方面进行总体监督，为职业联赛运营创造良好的竞争环境。

表2 欧洲五大职业联赛联盟治理模式与协会关系

职业联赛	赛事管理模式/赛事主要管理者	赛事投票权
英超	英超联盟独立经营管理/职业联盟	20个俱乐部（每个俱乐部一票）。英足总代表、联赛主席与首席执行官均无投票权
法甲	协会模式下的职业联盟/职业联盟	20个法甲职业俱乐部（每个3票）与20个法乙职业俱乐部（每个2票），足协没有投票决策权
意甲	协会模式下的职业联盟/职业联盟	20个意甲职业足球俱乐部（每个俱乐部1票）
德甲	协会模式下的职业联盟/职业联盟	18个德甲职业俱乐部与18个德乙职业俱乐部共同投票。足协没有投票决策权
西甲	协会模式下的职业联盟/职业联盟	20个西甲职业足球俱乐部（每个俱乐部1.1票）与22个乙级职业俱乐部（每个俱乐部1票）。足协没有投票决策权

资料来源：卡米尔·博利亚特. 世界各国足球协会与职业联赛治理模式研究报告 [M]. 刘驰，译. 天津：天津人民出版社，2017：1-115.

（二）英足总管理机制利益演化博弈概况

现行的英超联赛管理机制是在政府、英足总、俱乐部、联盟等众多利益主体的博弈中构建来的。英超联盟具体的博弈演化过程概括为以下3个方面：

一是英足总下放赛事审批权，同意俱乐部自己举办赛事，成立独立的联赛管理委员会。最早的英国赛事"足总杯"是英国足协下属的赛事，每年举办一次，是官方的、唯一的英国国内大型足球赛事。1888年，英足总下属的12家俱乐部向英足总提出"俱乐部每周可以组织一次联赛，以满足观众和球迷观赛需求"。这次俱乐部向英足总提出申请赛事审批权获得批准，英足总对赛事管理做出两个规定：①成立联赛管理委员会负责管理赛事。联赛管理委员会是英足总的下设机构，宣誓服从英足总，忠于英足总的领导；②联赛管理委员会的功能由英足总决定，并受到其严格的限制。联赛管理委员会的管理目标为组织联赛和平衡收支。

二是俱乐部成立有限责任公司，成为独立于英国足协的企业法人。1912年，英国颁布《版权法》，各家俱乐部借助法律对赛事权力的保护，要求英足总修改章程，英足总做出让步，同意把俱乐部注册成有限责任公司以规避经济上的连带风险，也允许将俱乐部作为经济实体来拉赞助。此后，俱乐部在经济上摆脱了英足总的统治，成为独立的企业法人，按时向政府纳税，自主经营，财务自负盈亏。俱乐部财务独立后，基本上不受英国足协管控。同时联赛管理委员会也独立于英足总，俱乐部与联赛管理委员会共同负责联赛管理业务。英足总基本上退出了对联赛的业务管理。联赛管理委员会和俱乐部独立后，日益壮大，英国足协的权力被逐渐架空，英国足协自然不会任由其强大起来，两大机构进行了长期的博弈，博弈使得联赛市场环境恶化，俱乐部利益受损，球市低迷。

最后英超联盟成立。1991年7月17日，英超22家俱乐部向英足总提出《英超联赛创建协议》，建议将联赛管理委员会和英足总的领导机构打碎重组，成立联赛董事会来掌管英格兰足球。这份提议最后获得了英国政府的支持，经英国政府出面，要求联赛整顿机构。1992年，英格兰甲级联赛俱乐部集体从联赛管理系统中退出，组建了英格兰超级联赛。英足总同意俱乐部组建英超联盟，联赛具体管理和运营由联盟董事会负责，英国足总持有英超联赛1股"金股"的方式及英国各项法律制度的规制，形成了对市场的约束，同时还要求英超公司负责投资英格兰地区的裁判培养、梯队建设等足球方面的社会基础建设，监督英超联赛必须要承担的社会义务及维护英国足球的核心利益。英足总职能参加英超联赛年度会员代表大会，享有会员发言与利益索取权力，但不享有会员投票决策的权力。

由上可知，英足总由国家联赛的初始管理者到逐步退出与让渡，是一个充满利益博弈的动态演化过程。联赛博弈主体包括：政府、英足总、联赛管理委员会、俱乐部、英超联盟。博弈的最终结果是：政府除税收外不获取联赛的利润，不干预联赛的具体管理事务，这满足了市场投资者对于发展自由和利益保障的要求。在政府的推动和引导下，英足总逐步将办赛权力（赛事经营、商务开发等权力）放权给联赛管理委员会、俱乐部、英超联盟，英足总主要负责制定足球规则、监督、仲裁、协调等有关问题，从不插手足球联盟、俱乐部的经营和管理活动；而英超联盟则具体负责联赛的经营、组织、运作等，拥有很高的自主权。联盟人员由英超各俱乐部经理投票选出，英超联赛的推广、运营、商务开发（转播、广告）等也属于联盟负责。联盟内部管理体系由俱乐部共同组建，主要机构为主席、董事会、股东大会、监事会等现代企业治理机制。

（三）英超职业大联盟利益机制

英国职业足球俱乐部基本上是有限公司的性质，而且在大多数俱乐部里，其经理都是他们自己所谓的管理员，这些管理员将俱乐部的收益或性质定位于地方社区的公益事业，他们的工作就是使俱乐部能够健康地发展下去。1992年，在五大俱乐部（曼联、利物浦、托特纳姆、埃弗顿和阿森纳）的带领下，20家顶尖的俱乐部从原来的甲级联赛中脱离出来，建立了英国足总超级职业足球联盟，10年的时间里，其在经济上取得爆炸式的发展。1965年，英国BBC广播电台以5000英镑的价格购买了联赛的转播权，这笔收入平均到每个俱乐部是50英镑。

1992年，为了在新的电视转播合同中获得更大的份额，22支甲级球队集体从之前的英格兰足球联盟退出，成立英超联盟有限公司。经过20多年发展，英超联盟实行公司运营，20家俱乐部都是股东，在重大规则制定和合同谈判方面，每家一票。英足总并不直接参与英超的运营。然而作为"特别股东"，英足总在联盟主席和首席执行官选举及在比赛新规则实施时享有否决权，这就保证了英足总对英超健康发展大方向的"把关"。此外，英超联盟规章的第7条对英足总这个特别股东的权利和义务进行了严格规定，同时也规定英超联盟有权每年任命8名代表进入英足总理事会。这就保证了英足总和英超联盟利益的协调。

第三节　中国职业体育利益博弈的表征

一、职业体育利益博弈的具体表现

（一）多元化的利益相关主体

由表3可知，我国职业联赛利益相关者既包括联赛俱乐部、教练员、运动员、裁判、联赛商业运作机构、国家运动项目协会及政府相关职能部门，也包括传媒、受众、赞助机构、广告机构、比赛场馆、中介等利益主体。其中俱乐部、国家运动协会、运动员、教练员是核心利益相关者，中间利益相关者是政府职能部门、裁判、传媒、赛事受众、赞助机构；广告、比赛场地、中介、联赛运作机构为边缘利益相关者[①]。将所有能考虑到的直接或间接影响联赛的利益主体都界定为利益相关者稍显宽泛和混乱，更多的研究应该关注联赛的核心利益相关者，这样才能为该领域的后续研究提供理论分析基础[②]。将政府、国家运动项目协会、联赛商业运作机构、俱乐部、地方政府、广告商、赞助商7个利益相关者群体作为研究对象。然后，继续要求相同的专家对选取的利益相关者其权力性（Power）、合法性（Legitimacy）、紧急性（urgency）进行评分，每个特征上的最大值为10，最小值为0。统计排序后的分值可以看到，在上述3个特征中，每个利益相关者主体都有差异。相对俱乐部而言，国家运动项目协会对联赛发展方向的影响力更强，在当前的职业联赛管理体制下，国家运动项目协会在管理层面上发挥着主导作用。

---

① 崔鲁祥. 中国职业体育利益相关者分析及协同治理 [D]. 北京：北京体育大学，2012.
② 梁伟. 中国职业体育联赛利益机制构建及实现策略研究——以中国职业足球联赛为中心 [M]. 北京：北京体育大学出版社，2016：38.

表3　我国职业体育联赛利益相关者分类结果

利益相关者分类	利益主体
核心利益相关者	政府（职能部门）、国家运动项目协会、俱乐部（作为俱乐部控制性股东的投资者）、职业联赛运作机构
蛰伏利益相关者	赞助商（不拥有俱乐部股份的投资者）、地方政府
边缘利益相关者	广告商

注：梁伟. 中国职业体育联赛利益机制构建及实现策略研究——以中国职业足球联赛为中心 [M]. 北京：北京体育大学出版社，2016：46.

（二）利益分配机制单一

在联赛收益具体的分配中，联赛获得的商业价值主要由最大股东（中国足协）进行调配。按照中国足协章程规定，联赛收入的5%作为中超公司每年的代理运营费，公司盈利缴纳1/3的营业税和相关运营成本后，职业联赛剩余的收入由足协与俱乐部按持股比例分配（俱乐部80%、中国足协20%）虽然俱乐部分配占联赛分配收入的80%，但平均分配到每个俱乐部的经费难以达到"收支均衡"。如2006年中超各个俱乐部有1000万元赛季分红的利益分配。2007年足协分红4000多万，而14家职业足球俱乐部共分得5600万元[1]。2008年各球队分红只有150万元，加一台打印机和750瓶啤酒[2]。

由图5可知，2016年中超16支球队总共投入达到24亿人民币[3]，但16支俱乐部总体亏损将近40亿元人民币。中超联赛收支极其不平衡，收入结构不合理，过于单一的收入来源导致亏损成为中超的主旋律。随着职业联赛的进展，原先规定的分配比例得不到正常执行，中国足协利用各种机会与借口进行截留和扩张份额，其机构与权事职能也不断膨胀。利益主体非一致化破坏了足球市场竞争格局[4]。

---

[1]　王庆伟. 我国职业体育联盟理论研究 [M]. 北京：北京体育大学出版社，2007，95.
[2]　梁伟. 中国足球超级联赛竞技收益分配机制——利益相关者理论视角 [J]. 西安体育学院学报，2014（5）：513-517.
[3]　足球产业规划落地将意味体育产业正进入加速发展期，2018-08-03. http://www.chinabgao.com/info/85579.html.
[4]　鲍明晓. 反思中国足球改革 [J]. 体育科研，2010，31（3）：15-16.

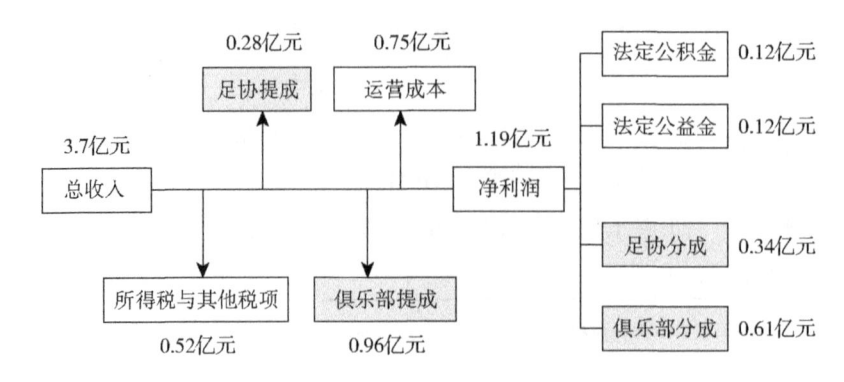

图 5　中超公司利益分配比例示意图

数据来源：公开资料、广发证券发展研究中心。

（三）利益机制不够顺畅

利益机制的关键在于确立真正能够代表利益相关者的利益、维护利益主体多样性权益的代表者（机构或组织）。这些代表者（机构或组织）可以通过法律法规及制度安排在职业联赛当中真正代表和维护各利益相关者的利益，提升每个利益相关者在联赛利益分割与制约中的话语权和行动力。职业体育较为发达的欧美国家基本都有各种各样的协会组织，这些协会组织在代表各方利益、维护职业联赛利益相关者的多样性权益方面发挥了重要作用。在我国职业联赛中，国家项目运动协会是"政府利益代表"，被视为"政府单向代理人"。理论上，协会作为处于政府与市场及其衍生利益主体之间的中介组织，基本任务是在对本行业成员的管理服务、利益代表及协调内部关系，同时也承担着填补政府治理空白、成为本行业与政府管理部门的互动交流平台等任务。但我国多数体育行业协会是以政府主导的方式所建立，因此一致被视为政府权力延伸的载体，其主要作用体现在执行单向的政府管控思路而不是整合、代理行业成员的需求与政府进行双向沟通与博弈。

（四）职业联赛股东利益函数目标不一致

各利益主体投资动机并非一致，导致联赛利益目标函数的不一致。其中，政府官员的利益追求是"执政合法化、体育竞技政绩、足球竞技政绩"；俱乐部投资人与高管追求的是"资本投资与收益";球迷与观众追求的是"足球附加的精神与物质消费"①。借助博弈论剖析当前我国职业体育利益主体相互间的博弈关系,揭示其实际博弈状态,归纳出当前我国职业体育利益博弈中存在的性质模糊、管理体制不健全等问题,政府和市场信息不对称、博弈结果的不确定性及行政决策权过于模糊,使得联赛治理越来越复杂。政府体育部门与市场主体逐利愿望不符,从而在足协、国家队、中介商、广告商以及赛事经营商之间出现了许多利益矛盾②。

(五) 职业联赛利益主体关系结构紧张

中国足协作为政府与市场主体的利益代理,并没有很好地处理好政府与俱乐部之间的利益关系。在一个利益主体多元化的职业足球联赛中,如果各利益主体利益目标不一致,又缺乏相应的利益合作博弈机制,相关利益矛盾和冲突就难以容纳③。由表4可知,足协与俱乐部的利益博弈是合作与冲突的,足协利用行政权力代表政府利益,同时完成社会组织的公共利益。但在具体的利益执行机制中,足协往往充当着政府的利益代表,忽视了俱乐部的利益诉求,而俱乐部为了维护自身利益,会直接发生与足协的利益冲突。而职业联赛的运营主体,不论是中国足协旗下的中超公司,还是后来的中超委员会、中超联赛股份公司,都带有明显的政府行为特征,联赛运营实体的代理人缺位现象凸显④。从内部错综复杂的关系看,政府的利益诉求是政绩,政府的政绩要依靠俱乐部的发展,而俱乐部发展又要依靠政府的政策支持,两者之间相辅相成,而两者之间,以及各俱乐部之间缺乏统一的行业规范,导致在追求利益的过程中不断产生冲突和矛盾,最终使职业体育整体运行方面循环不畅,生产产品质量下降,影响了消费群体的需求,引起观众和媒体关注度降低、赞助商收益降低等一系列连锁反应⑤。

---

① 龚波. 足球改革进程中的利益冲突与兼容 [J]. 武汉体育学院学报, 2013 (2): 66-70.
② 黄毅, 李建立. 社会转型期我国竞技体育利益整合与举国体制 [J]. 体育学刊, 2006 (3): 6-9.
③ 梁伟. 中国职业体育联赛利益机制构建及实现策略研究——以中国职业足球联赛为中心 [M]. 北京: 北京体育大学出版社, 2016: 46.
④ 张兵, 仇军. 经济社会学视域下中国职业体育市场生成逻辑与发展策略选择 [J]. 体育科学, 2017 (7): 12-13.
⑤ 张保华. 职业体育服务业研究 [M]. 北京: 经济科学出版社, 2009: 67.

表 4　我国职业体育联赛利益相关者分类结果

利益集团	利益主体	利益需求
公共部门	政府职能部门 国家运动项目协会	政治责任和社会义务 体育竞赛的社会公共利益给作为体育赛事参与者的经济利益获取
市场投资者	俱乐部	完善联赛制度和法治环境 维护投资主体的合法权益 完善利益协调机制、收益分配 职业联赛的品牌价值和形象 赞助商品牌提升

注：梁伟. 中国职业体育联赛利益机制构建及实现策略研究［M］. 北京：北京体育大学出版社，2016：46.

（六）联赛利益结构不完善，利益系统独立性、适应性不够

在众多利益主体中，球迷和观众并没有处于相应的地位，除了其他的利益主体可能存在刻意压缩他们的作用空间外，更多的还是球迷协会力量不够强大，各球迷协会缺乏联盟，没有联合起来表达自己的看法。其实在整个利益博弈中，球员因为缺乏强有力的组织，也是"弱势力量"，选择逃避也算是无可奈何的最后一招了。职业俱乐部市场化运行机制同足协行政化的管理体制矛盾不可调和，致使甲 A 联赛混乱不堪，联赛水平一降再降，"假、黑、赌"违法行为层出不穷。2004 年中超的"G7 革命"就提出了"政企分开、管办分离"的口号。2009 年底足坛掀起反赌风暴，"管办分离"再次成为中国足球改革的重要关键词。协会与俱乐部之间的利益冲突在职业体育中最为突出，影响也比较广泛。产权问题是两者利益冲突的根本原因[①]，政绩渴求与资本逐利目标不一致是两者利益冲突的直接原因。按照"谁投资，谁受益"的原则，俱乐部应当在职业联赛产权中拥有更多话语权。然而，作为国家体育总局代理人的中国足协却牢牢地掌握着职业联赛的产权和经营权，在一些时候俱乐部的利益受到了忽视或弱化。

---

① 黄涛，万发达. 中国足协与足球俱乐部矛盾的主要原因分析［J］. 体育学刊，2009（9）：24-27.

（七）大股东缺乏制衡作用

中超公司股份混改使得股权与所有权密切植根于职业联赛治理体系中[①]。股权作为中超公司法人经营权相互独立又制衡的权力，体现在对职业联赛重大决策权问题方面。按照中国足协章程规定，中国足协在联赛所有权重大决策上拥有一票否决的权力，各个俱乐部与中超公司只有 57.9% 的投票决策权，尚达不到 2/3 的提案标准。股权结构决定了联赛的内部治理结构。中国足协"一股独大"享有最高决策权，各俱乐部股权较为分散，难以形成与足协的制衡机制的联赛治理结构（通过决策机制、监督机制、激励约束机制和自我调控机制等设置来规定或规范不同人的权利与责任），更无法形成对联赛所有权的决策、运营、激励与监督的完善治理机制。

第四节　中国职业体育利益博弈的影响因素

一、制度层面

职业联赛利益冲突需要从联赛制度体系落后、运营成本高、监督机制不够等方面分析。足球产业利益相关者短期利益导向严重，产业发展思路模糊，各利益相关者谋求自身利益最大化而产生了相互恶性博弈行为，最终导致行业整体利益受损，是造成目前现状的根本原因[②]。张琴（2012）提出，中国足球改革现状表明强烈的利益冲突存在，成因在于渐进改革的路径选择与制度缺陷累积。从宏观视角探讨职业体育利益冲突的诱因在于市场经济的催化、管理体制改革、利益结构分化及其职业体育内部利益失衡所致[③]。中国足协作为政府与市场利益分配的

[①] 徐晓松. 国家股权及其制度价值——兼论国有资产管理体制改革的走向 [J]. 政法论坛, 2018 (1): 170–175.

[②] 舒成利, 周小杰. 从利益相关者管理理论看我国职业足球产业的发展 [J]. 成都体育学院学报, 2006 (3): 21–24.

[③] 张琴. 我国体育利益冲突分析 [J]. 体育文化导刊, 2012 (9): 9–12.

中介，却成为了政府利益"单向代理人"，代理人治理缺位现象是导致政府与俱乐部之间利益冲突的主要因素①。加之我国职业足球联赛利益分配所遵循是以政府为主导的单一机制，这一机制主要以满足政府投资职业体育的动机为主，没有充分考虑到市场主体（俱乐部、赞助商、球迷）的利益需求②。还有学者从利益中介视角分析了中国足协的利益角色与代理人特征，并提出中国足协作为政府与市场利益分配的中介，却成为了政府利益"单向代理人"，代理人治理缺位现象是导致政府与俱乐部之间利益冲突的主要因素。对政绩渴求与对资本逐利目标不一致是两者利益冲突的直接原因③。

二、产权层面

制度创新是中国经济发展的主要动力之一。正是在这一背景下，中国体育市场化改革才被推动④。郎效农（2002）倡导俱乐部投资多元化、出资者所有权与俱乐部法人治理资产所有权分离、完善法人治理结构、建立俱乐部财务管理制度、建立中超联赛股份有限公司⑤。西方职业体育赛事从萌生到发展壮大是职业体育赛事产权制度的创新和完善过程。合理的产权制度是激发职业体育赛事生产、经营积极性的基础。职业体育赛事在成长过程中，由于市场规模与外部环境变化影响，产权制度是一个持续演变的过程。产权归属主体明晰，强化联赛内部激励机制和资源配置的公平与效率。产权"增量改革"体制外的改革，降低职业足球外部市场投资行政壁垒。职业体育的核心资源是运动员，在国家限制运动员自由流动的前提下，这种资源是不可能通过增量来实现的，本质上还得靠存量调整。职业体育产权改革需要靠外部资本运营实现。没有产权明晰、自负盈亏的市场主体，体育产业组织内部的激励机制和资源配置的效率不可能在根本上解决。产权改革和资本运营是中国职业体育的发展契机。足球俱乐部股份改造产权

---

① 梁益军. 我国职业足球俱乐部股份制改革存在问题分析 [J]. 体育与科学，2010（1）：12-13.
② 梁伟. 中国职业体育联赛利益机制构建及实现策略研究——以中国职业足球联赛为中心 [M]. 北京：北京体育大学出版社，2016：88.
③ 黄涛，万发达. 中国足协与足球俱乐部矛盾的主要原因分析 [J]. 体育学刊，2009（9）：24-27.
④ 李伟. 垄断与创新——当代职业体育的新经济学分析 [M]. 北京：首都经济贸易大学出版社，2017：2-10.
⑤ 郎效农. 关于中国足球职业化改革的基本认识 [R]. 国家体育总局. 市场经济与体育改革发展论文集，2002.

不清晰问题较为突出。

郑志强（2008）借助文献资料和逻辑推理以及模型构建方法，分析中国职业足球联赛的共有产权。认为交易成本的存在使职业联赛产权被分割给不同的权利者。理论上中国职业足球联赛的产权是一种国有产权，但由于作为主要参与者的俱乐部的深度介入，职业联赛产权必然被分割给协会和俱乐部，职业联赛产权实际上成为一种共有产权，因此制订一个合理的剩余索取权的分配比例是解决中国职业足球联赛问题的关键[1]。梁伟（2016）从"内部人控制问题"探讨职业足球联赛所有权、经营权之间的各主体利益博弈[2]。

我国职业足球联赛产权模糊体现在两个方面：一是职业俱乐部自身内部产权模糊不清；二是职业联赛产权关系混乱[3]。科学的产权制度是市场经济的基础，中国足球职业化改革必须建立有效的产权制度，遵循市场经济规律[4]。"谁投资、谁所有、谁收益"的原则是职业体育产权界定的基本原则[5]。对职业运动员人力资本进行评估，逐步减少国有资产在俱乐部资产中的比例，明晰俱乐部各投资主体的产权边界[6]。建立完善的职业俱乐部产权制度是股份制改革的根本目的，通过转换经营机制，建立有效的公司治理结构，通过资本劳动市场的有效配置资源，强化俱乐部管理[7]。如果中国职业足球联赛的产权是一种归属于协会和俱乐部的共有产权，那么如何合理分配权利就变得非常重要，双方必须进行协商以达成有效契约，防止对方的各种机会主义行为。

---

[1] 郑志强. 中国职业足球联赛的产权分析及其利益分配 [J]. 天津体育学院学报, 2008 (6)：483 – 486.

[2] 梁伟. 中国职业体育联赛利益机制构建及实现策略研究——以中国职业足球联赛为中心 [M]. 北京：北京体育大学出版社, 2016：10.

[3] 陆元兆. 产权残缺与体育产业 [J]. 西安体育学院学报, 2000 (3)：25 – 26.

[4] 丛湖平, 等. 政府主导型的职业体育制度创新的约束机制研究 [J]. 中国体育科技, 2003 (9)：1 – 3.

[5] 孔庆鹏. "潮头"思考：关于我国职业体育俱乐部改革的几点认识 [J]. 体育与科学, 2000 (1)：1 – 7.

[6] 梁进. 足球职业化改革中的制度研究 [J]. 体育科学, 2002 (3)：8 – 11.

[7] 丛湖平. 我国职业体育制度变迁的方式、路径及相关问题研究 [J]. 体育科学, 2004 (3)：1 – 4.

三、改革逻辑层面

西方职业体育带有明显的自序演化色彩。如果说西方职业体育大体经历"乡村体育—商业化体育（城市体育）—职业体育（资本体育或电视体育）"的变迁过程①。那么，从市场结构要素上看，职业运动员（人力资源）和竞赛产品最早出现，随后，有竞赛产品市场，再有消费市场，最后拓展消费以追寻消费市场的全球化，这便是西方职业体育市场发展的基本逻辑。西方职业体育在实践中，往往深耕于运动员培育生产市场，以商业精英、技术精英和运动精英为主体的社会互动，并以球迷福利为中心地进行市场扩张。换言之，依托高水平竞技体育赛事和观众观赏是西方职业体育市场运作之本，离开以上因素，西方职业体育则陷入无本之源的境况。

中国职业体育的相关时间明显早于中国联赛开启的时间，这意味着，中国职业联赛开启时，中国已然存在职业联赛体育消费市场，或者说，中国职业体育消费市场的形成，要早于中国职业联赛产品生成市场的产生。如此看来，中国职业体育市场的演化次序和西方存在明显差异。中国职业体育市场的演化次序是，先有消费市场、后有竞赛市场，先有俱乐部企业化、再有运动员等生产资源市场，最后才有联赛市场运营实体，这是中国职业足球市场生成的基本逻辑。但在职业足球发展起步阶段，依赖政府自上而下的推动，作为后发的中国职业足球，遵循经济理性，批判吸收西方成功经验固然可取，然而在实践中，"却往往受到外部强势规则的牵引，以先进的国家运作模式为参照系"，遵循西方职业体育发展的逻辑推进市场建设，其结果自然背离中国职业足球市场的生成逻辑②。

20世纪90年代初，时任国家体委主任的伍绍祖同志做出"五点说明"，以示支持。这"五点说明"的主要内容是："足球群众喜爱，全民关注；没有精神负担，一穷二白；改革中要抓一些重点项目；足球改革代表性强，可以摸索经验，失败了再重来与足球改革的外部环境很好。邓小平同志的南方谈话给了我们强有力的思想武器。搞职业化、俱乐部，不再会被扣上资本主义的帽子③。"这

---

① 王庆伟，王庆锋. 西方职业体育制度变迁的比较研究 [J]. 体育与科学，2006，27（1）：42-51.
② 张兵，仇军. 经济社会学视域下中国职业体育市场生成逻辑及发展策略选择 [J]. 体育科学，2017（7）：12-13.
③ 鲍明晓. 我国足球运动管理改革的经验与问题 [J]. 体育文化导刊，2009（7）：1.

说明，利用我国改革开放的背景与市场经济体制开展职业化探索是足球改革的基本方向；同时足球改革在社会与经济方面的潜在利润很高而竞技与政治方面的风险很低，在这样的局面下，制度非均衡势必为制度变迁储备很高的势能。受社会主义主流意识形态和封建主义残余思想的束缚，市场化与职业化在当时都是难以被接受的。当时人们通过有限的途径对世界足球的发展有所认识，但对现代足球的整体认识、对市场经济与职业化足球的认识依然不深。如政府体育职能部门机构等为自己的利益而提供过剩的制度成为可能。而当时的民间力量还非常微弱，但少数企业仍小心翼翼地赞助足球活动，开始尝试外部利润的内部化，自发形成了一定的足球市场，成为诱导变革的因素。

由于巨大外部利润的存在，中央政府与政府职能部门（当时的国家体委）选择了强制性制度变迁。1993 年，中国足球协会起草了第一份职业体育文件《中国足球俱乐部条例》[1]，在这个条例的基础上，形成了第一份有关足球俱乐部的文件《中国足球协会俱乐部章程（草案）》，至此，对足球改革做出了统一的部署与制度安排。其中，中国足协的实体化表明作为一个社会团体它具有了商业活动的合法性，允许职业足球俱乐部的成立则表明企业主经营足球市场也具有了合法性。

从国家体育总局分离了的足球项目管理中心以及旨在实体化、社会化的中国足协，通过以上制度非中性方式，逐步扭曲了"小政府，大社会"的改革宗旨，反而强化了政府职能，而且派生出更多的攫取利益的权力、方法与手段。中国足球协会的机构特点是亦官、亦民、亦商，管办不分，不断强化集权优势。俱乐部则由于其弱势竞争地位，开始通过商业贿赂、打假球等方式维持生存，利润空间越来越小，运营成本不断上升并失控。

中国足球选择职业化的道路是正确的，实施时机是及时的，即"我们已经抓住了机遇，使中国足球体制和世界足球体制接轨[2]"。足球职业化改革，应走完全市场化的道路。他们认为"足球管理机构同时具有体育行政部门和社会团体的双重组织特征，这种矛盾使足球管理系统的发展趋向难以预见，因而管理过程本身具有较为明显短期性，缺乏长期性规划和战略运筹的导向[3]"。应"将政府体育管理部门的公共服务职能市场化，实现管理职能的社会化，向社会进行有序的

---

[1] 张宏宇. 我国足球职业化改革的历史回顾与审视 [J]. 哈尔滨体育学院学报，2007（2）：36.
[2] 汪大昭. 中国足球职业化没错 成绩论害苦国足 [N]. 人民日报，2010 - 6 - 18（2）.
[3] 唐峰. 中国足球管理体制改革的理论研究 [D]. 北京：北京体育大学，2005.

权力让渡，逐步摆脱过去政府在体育管理中直接的、行政的、参与式管理"，而"适时地转向间接的、以经济手段为主的、法制式的管理①"。在足球运动项目的管理中，政府的作用"不是控制，而是协调；不是直接介入具体事物，而是加强政策引导与宏观调控；实现由'划桨型'的政府向'掌舵型'政府的角色转变②"。

---

① 贾志强. 新时期我国体育管理体制与运行机制研究 [J]. 北京体育大学学报，2007（9）：8-11.
② 刘东锋. 中国体育管理体制改革的路径选择 [J]. 上海体育学院学报，2005（2）：46-48.

第四章　中国职业体育利益博弈的理论与实证分析

一、问题的提出

在我国职业体育改革中，由于利益主体的多元化、利益需求的差异化及体育资源的稀缺性，导致了各种性质的体育利益矛盾[1]。尤其是联赛股东（足协和俱乐部）之间的利益冲突最为突出，影响也比较广泛。在联赛利益具体的分配中，足协往往充当着政府的利益代表，忽视了俱乐部的利益诉求，俱乐部对"投入—受益"不均衡现状极为不满，为了维护自身利益，俱乐部会联合起来与足协相抗衡，争取属于自身更多的权力，而中国足协也会与俱乐部在联赛产权方面展开博弈。当前我国职业体育利益博弈中存在的性质模糊、管理体制不健全等问题，政府和市场信息不对称、博弈结果的不确定性以及行政决策权过于模糊，使得联赛治理越来越复杂[2]。深化足球改革，必须走协同治理的实践路径[3]。

国内关于职业体育协同治理的研究。学者们分别从协同治理对职业体育的功能、协同治理与职业体育的关系视角进行初步探索。如张宝华（2017）认为，协同治理对职业体育利益纠纷、联赛不道德行为、诚信缺失等有重要作用[4]。南音（2017）从合作博弈视角深度剖析我国篮球改革问题，并提出建立一个良性的合作博弈机制，通过公平谈判，打破信息不对称，逐步形成改革目标共识；建立强制性契约，明确责任主体，完善激励约束机制，调动各个利益主体的积极性，进

---

[1] 董红刚，方新普，等. 结构紧张：体育利益均衡的一个内在焦虑 [J]. 武汉体育学院学报，2012（9）：12-15.

[2] 黄毅，李建立. 社会转型期我国竞技体育利益整合与举国体制 [J]. 体育学刊，2006（3）：6-9.

[3] 高升，陆在春，王家宏. 体育协治：深化体育改革的一种理论解释与实践路径 [J]. 天津体育学院学报，2017（2）：99-105.

[4] 张宝花. 协同治理：职业体育信用体系建设的模式选择 [J]. 体育研究与教育，2017（4）：29-32.

而形成推动改革发展的合力[①]。李军岩,张春萍(2018)提出,构建联赛利益均衡机制是化解利益主体冲突的有效手段。利益共生视角:利益补偿机制、利益协调机制和利益共赢机制[②]。荣霁,崔鲁祥(2019)从组织结构、制度设计、资本投入、运行环境等要素分析了我国职业体育协同治理面临的问题。认为:要实现职业体育利益相关者协同治理,必须转换政府职能、深化协会实体化改革、形成利益共同体,实现各利益相关者投资利益最大化,建立中国特色职业体育联盟,形成网络互动的协同治理组织结构,健全俱乐部治理结构,完善职业体育制度设计,并提出了具体实施框架与对策[③]。

综上,现有研究已初步构建了职业体育协同治理概念,但对两者的研究还远远不够深入,缺乏如何将协同治理有效地应用到我国职业体育治理的具体问题中,如我国职业足球利益冲突、利益相关者内部关系、联赛治理结构改革等问题,都是影响职业体育协同治理的重要问题。本文认为,对于职业体育联赛股东利益关系的研究,协同治理为多元利益主体在达成资源共用、责任共担、利益共享的共识下,为达成一个共同的目标而进行相互协调、彼此合作、共同治理的管理方法论。其不可或缺的要素概括为主体多元、治理协同结果飞跃。其中"结果飞跃"即多元主体共同治理,创造"1+1>2"的协同效应[④]。因此,本研究以中超联赛股东利益博弈问题为研究对象,借助职业体育协同治理理论,就如何平衡联赛股东利益关系,构建中超联赛完善的利益协调监督与激励机制提供参考建议。

二、中超联赛股东利益博弈的理论分析[⑤]

"中超公司成立初期注册资金为200万元,其中,中国足协出资72万元,占

[①] 南音. 国家政策与社团实践——合作博弈视角下中国篮协改革发展问题研究 [J]. 成都体育学院学报, 2017 (4):34-39.

[②] 李军岩, 张春萍. 我国职业体育利益相关者共生下的利益均衡分析 [J]. 沈阳体育学院学报, 2018 (5):67-83.

[③] 荣霁, 崔鲁祥. 新时代背景下我国职业体育的协同治理研究 [J]. 沈阳体育学院学报, 2018 (5):67-83.

[④] 孙萍, 闫亭豫. 我国协同治理理论研究述评 [J]. 理论月刊, 2013 (3):107-112.

[⑤] 郑志强, 侯会生. 协同治理视域下中超联赛股东利益博弈模型构建 [J]. 体育研究与教育, 2020 (5):66.

股权结构的36%，拥有对联赛的所有权和经营权，同时拥有对修改公司章程和变更公司性质或公司解体等重大问题的否决权，不拥有对选举和一般决议的否决权和单独通过权。16个俱乐部出资128万元，占股64%[①]。"职业足球联赛利益分配所遵循是以政府为主导的单一机制，这一机制主要以满足政府投资职业体育的动机为主，并没有充分考虑到中小股东俱乐部的利益需求[②]。在具体收益的分配时，2005年，除去中超公司各项支出成本，每家俱乐部只拿到50万元的分红[③]。2012年，16家俱乐部投入30亿元打造最贵中超。中超联赛营收接近2.5亿元，但俱乐部各拿到了1200万元的分红[④]。2016年中超联赛营收突破15亿元，16家俱乐部利益分红高达6000多万元，但仍有12家俱乐部经营亏损，亏损达46.45亿元[⑤]。

从联赛股权结构设置来看，中国足协具有"绝对的控制力"或"较强的控制力"，俱乐部作为联赛的中小股东，彼此的力量较为分散。在利益博弈中，俱乐部无法形成合力，与大股东进行抗衡。由于股东身份与利益需求差异，联赛大股东与中小股东利益目标函数并非一致。双方利益冲突的焦点之一是联赛产权纠纷。其中，中国足协作为政府的利益代理者，其利益追求是"执政合法化、体育竞技政绩、足球竞技政绩"；而俱乐部投资人与高管追求的是"资本投资与收益"。另外，监管不当为另一矛盾指向。中超联赛大股东与中小股东利益机制中存在的委托代理关系，政府和俱乐部作为联赛出资者，将联赛经营业务委托给中国足协执行，大股东既是为自身利益进行监督，同时也自动地履行了为中小股东代理履行监督的任务。表面上看，足协也没有能力和动力去对联赛进行监督，中小股东又缺乏动力和能力去对经营活动实施监督。

俱乐部与中国足协的博弈可以分为两种：正面博弈，即正当的利益博弈。具体包括俱乐部退赛、对中国足协进行司法诉讼。俱乐部退赛会导致赛事缩水，联赛停摆，赛事转播与观赛场次降低，联赛整体效益受损。负面博弈，即异化的利益博弈，通过"打假球""操控比赛"等行为不当获利。俱乐部违反体育道德，

[①] 解构中超公司[EB/OL]. hhtp://comment.sports.163.com/12/0530/10/82000507012.html.
[②] 梁伟. 中国职业体育联赛利益机制构建及实现策略研究——以中国职业足球联赛为中心[M]. 北京：北京体育大学出版社，2016：88.
[③] 王庆伟. 我国职业体育联盟理论研究[M]. 北京：北京体育大学出版社，2007：95.
[④] 龚波. 足球改革进程中的利益冲突与兼容[J]. 武汉体育学院学报，2013（2）：66-70.
[⑤] 刘迎军. 包容性增长视角下混合所有制企业利益相关者博弈分析[J]. 商业经济研究，2016（6）：101-103.

◎ 职业体育利益博弈的协同治理机制研究

甚至突破法律底线，破坏行业规则和市场规则，影响赛事的形象和质量，导致球迷、观众流失，赞助商裸奔。

在各个利益主体博弈的过程中，职业体育俱乐部可以运用各种市场化的手段来实现其经济利益。职业俱乐部只要按照市场经济运行，遵守国家相关法律法规，就能获得其想要的经济利益[①]。政府拥有联赛所有权是制度环境约束的产物[②]。职业俱乐部与中国足协的产权纠纷，本质上是对联赛权力和利益的重新分配和调整的问题，尤其是联赛剩余控制权和剩余收益权分配的问题。职业联赛的商务资源开发能力不足，商务运作缺乏公开透明机制，导致俱乐部等其他联赛参与主体在自身合法权益的保障上缺乏安全感和稳定性。作为联赛主要投资者的俱乐部在经营管理上只拥有门票、广告牌等少数的权限，而联赛杯、足协杯的冠名权、电视转播权等经营大项以及联赛运作中的重大决策却无权参与，大部分权限都掌握在足协手中。但如果16家俱乐部成为一个纯粹的资本联合体，能够整合起来组建职业联盟，在整体力量上就能够与中国足协抗衡。单项协会与俱乐部为了自身利益最大化存在不可协调的矛盾，必须在它们不断的博弈过程中寻找有利于实现双方利益最大化的均衡解。建立职业联盟寻求共同利益，打造协同治理。

结合协同治理理论来看，中超联赛协同治理的内涵即中国足协与俱乐部在相互切磋、协调、合作的过程中追求"1+1>2"的协同效应的联赛治理活动。股东之间协调与合作的契合度成了联赛价值实现超越的关键，并且双方在协同过程中还存在一些共有的特点：双方具有协调合作意识；双方有相似或一致的目标；双方资源共用、利益共享、责任共担；双方深度交互。由此构建中超联赛大股东与中小股东协同治理关系图（图6）。

在联赛协同治理框架下，不管是任何类型的博弈，都会打破联赛整体协同治理效应。虽然，中超联赛大股东与中小股东之间存在利益纠纷与摩擦，但在协同治理体系下，足协与俱乐部的利益博弈是冲突与合作共存的。中国足协作为政府产权的"利益代理人"，享有联赛的所有权、管理权、经营权，同时也有对联赛收益的分享权力。作为联赛最大股东，中国足协也会为追求控制权的私利对中小股东利益进行侵占行为。大股东侵占行为可能会得到一部分额外收益，但会破坏联赛协同治理的框架，增加联赛治理成本，导致中超联赛的实际商业价值相对于

---

① 吴洪革，马晓欣. 中国体育管理体制逻辑的杂糅与利益博弈的异化［J］. 沈阳体育学院学报，2014（1）：13-16.

② 郑芳. 基于要素分析的职业体育治理结构研究［M］. 杭州：浙江大学出版社，2010：140.

协同效应产生的价值有所下降。同时,联赛中小股东在自身利益被侵占的情况下,作为理性的经济人,俱乐部会联合起来对大股东进行监督,甚至会发生与大股东相抗衡的局面,导致联赛出现停摆,使得联赛协同治理被破坏。

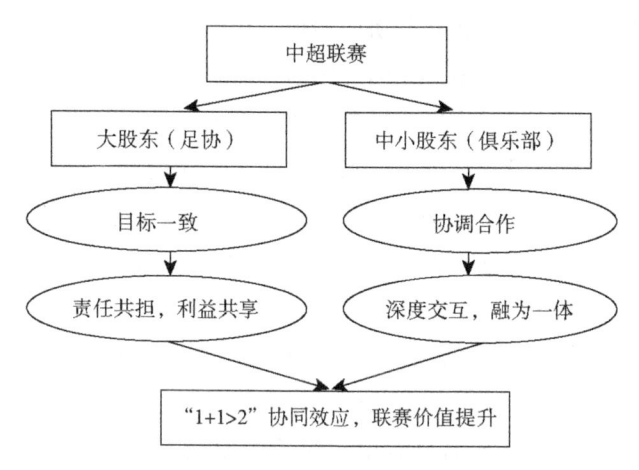

图6 中超联赛股东协同治理关系图

三、中超联赛股东利益博弈的模型构建[①]

近年来,博弈演化论作为一种较为常见的模型分析工具,在政策管理学、产业经济学、环境治理等研究领域得到了广泛应用。在职业体育研究领域,一些学者们开始注重采用博弈论来对职业体育利益博弈进行分析,如借助博弈论构建了CBA联赛利益博弈主体的演化模型。采用博弈均衡分析法,通过建模的形式研究了职业体育领域内的各方决策者的博弈过程。以上研究将职业体育各利益相关主体之间的博弈行为、策略与意愿进行呈现,并提出了职业体育利益博弈的治理策略,为后续职业体育利益博弈的研究提供了借鉴。本文选取演化博弈视角,设计中超联赛股东利益侵占与监督机制,探讨俱乐部如何对中国足协利益行为进行有效监督,确保双方利益都能实现最大化,揭示双方利益博弈的动态演化及影响因素。

---

① 郑志强,侯会生. 中超联赛股东利益博弈的协同治理机制研究[J]. 体育研究与教育,2020(5).

◎ 职业体育利益博弈的协同治理机制研究

（一）模型假设

由上述研究可知，在中超联赛协同治理过程中，中国足协与俱乐部存在较大的利益博弈，考察其双方的博弈策略与问题，需要构建协同治理的博弈模型。在企业股东利益博弈中，大股东所占控制权比例越大，对小股东的利益侵占就越严重，提高投资者法律监管程度会减少大股东通过关联交易、政企关联等方式对中小股东及公司利益的侵占。另外，外部监管（法律监管和治理保护机制）也非常重要。因此强调中小股东（俱乐部）的监督和必要惩罚对大股东侵占行为协同治理具有非常重要的作用。基于此，本研究提出以下假设：

H1：博弈方为职业联赛的大股东和中小股东，股东可以积极参与联赛决策与经营，博弈方简化为中国足协（A）与俱乐部（B）。

H2：博弈双方中足协拥有联赛最大决策控制权，并存在借助股权优势侵占俱乐部利益的可能。所有博弈会出现两种情况，足协作为联赛最大股东，各个俱乐部为小股东，双方都为"理性经济人"，都会尽可能追求自身利益最大化。

H3：在发生利益冲突之前，双方为协同关系，使得联赛产品商业价值具有"1+1>2"的效应，我们将此定义为 V_0。如果俱乐部利益被侵占，联赛协同治理机制产生负的协同效应，联赛价值下降 V_1，但 V_1 小于 V_0（$V_0 > V_1 > 0$）。俱乐部利益受损使得联赛协同治理下降值不会低于0，让联赛面临停摆或解散的局面，所有 $0 < V_1 < V_0$ 是符合实际的。

H4：若俱乐部利益被侵占，必要的监督发现对方不当行为，从而避免利益风险，同时监督方支付监督成本 C，被监督方也会面临处罚，处罚收益 π_1（$\pi < 0$），罚金作为监督方的一笔监督收益 D。其中 $D > C > 0$，因为俱乐部监督行为若不能获得超过成本（C）的收益（D），则会选择放弃监管，造成联赛协同治理机制失衡，联赛股东利益博弈终结。若没有监督机制，侵占方的侵占利益为 π_2（$\pi_2 > 0$）。

H5：足协和俱乐部各持股比例为 α，β（$0 < \alpha + \beta < 1$），在联赛协同治理体系下，股东所得的分红为 αV_0，βV_0。如果存在利益侵占行为，双方的利益影响分别为 αV_1，βV_1。其中 $\pi_2 > \alpha V_1$，即在缺乏有效监督机制下，利益侵占方获得大于联赛价值下降减少的利益，如果是这样，足协就可能存在侵占俱乐部利益的潜在动机。

H6：足协侵占俱乐部利益行为的概率为 P_A，不发生概率为 $1-P_A$；俱乐部监督行为概率为 P_B，不发生监督的概率为 $1-P_B$。

（二）股东利益博弈支付矩阵

每一个博弈主体都是在追求自身利益最大化的前提下做出决策。由表 5 可知，每组数字前一个都代表俱乐部股东收益，后一个代表中国足协收益。不难发现，在俱乐部选择监督的情况下，中国足协发生侵占行为时，所获得额外收益为 π_1（$\pi_1<0$），并且联赛协同治理破坏价值下降 V_1，中国足协需要的支付为 $\pi_1+\alpha(V_0-V_1)$。俱乐部获得监督成效收益为 D，支付成本为 C，总支付为 $D+\beta(V_0-V_1)-C$。如果中国足协没有侵占俱乐部利益的支付为 $\pi_1+\alpha(V_0-V_1)<\alpha V_0$，通过比较，中国足协将选择不侵占俱乐部利益，此时，俱乐部的支付为 βV_0-C，没有侵占行为，俱乐部会放弃监督节约 C 的成本。因此，博弈策略被转到下一阶段，中国足协不侵占、俱乐部不监督的情况下，双方支付分别为 βV_0 和 αV_0，但此时并未达到均衡，双方作为理性经济人，会继续追求利益最大化。中国足协再次会选择侵占，需要获得的支付为 $\pi_2+\alpha(V_0-V_1)$，是大于 αV_0 的，俱乐部将支付从 βV_0 变到 $\beta(V_0-V_1)$，俱乐部会对中国足协持续监督，此时监督支付为 $D+\beta(V_0-V_1)-C$。由此可见，职业联赛股东之间利益博弈是一场利益因果循环，联赛利益博弈始终存在。

表 5 中超联赛足协与俱乐部博弈的收益矩阵

		中国足协（A）	
		侵占	不侵占
俱乐部（B）	监督	$D+\beta(V_0>V_1>0)-C,$ $\pi_1+\alpha(V_0-V_1)$	$\beta V_0-C,$ αV_0
	不监督	$\beta(V_0-V_1),$ $\pi_2+\alpha(V_0-V_1)$	$\beta V_0,$ αV_0

四、模型综合分析

（1）当俱乐部监督概率 P_B 一定时，中国足协进行侵占或不侵占获得的预期收益分别为：

I_1（侵占） $= P_B \times [\pi_1 + \alpha(V_0 - V_1)] + (1 - P_B) \times [\pi_2 + \alpha(V_0 - V_1)]$
$= P_B \pi_1 - P_B \pi_2 + \pi_2 + \alpha \pi_0 - \alpha \pi_1$

I_2（不侵占） $= P_B \times \alpha \pi_0 + (1 - P_B) \times \alpha V_0 = \alpha V_0$

当中国足协侵占或不侵占的预期收益无差异时，得到联赛股东之间在博弈均衡时，俱乐部进行监督的最优概率 P_B。

令，$I_1 = I_2$，即 $P_B \pi_1 - P_B \pi_2 + \pi_2 + \alpha \pi_0 - \alpha \pi_1 = \alpha V_0$

得：$P_B = \dfrac{\pi_2 - \alpha V_1}{\pi_2 - \pi_1}$（$\pi_1 < 0$，$\alpha V_1 < \pi_2$），因为 $P_B > 0$，

所以 $P_B = \dfrac{\pi_2 - \alpha V_1}{\pi_2 - \pi_1} = \dfrac{\pi_2 - \alpha V_1}{\pi_2 + |\pi_1|}$

（2）当中国足协发生侵占概念 P_A 一定时，民营股东进行监督和不监督的预期收益分别为：

I_3（监督） $= P_A \times [D + \beta(V_0 - V_1) - C] + (1 - P_A) \times (\beta V_0 - C)$
$= P_A D + P_A \beta(V_0 - V_1) - C$

I_4（不监督） $= P_A \times [\beta(V_0 - V_1)] + (1 - P_A) \times \beta V_0$
$= \beta V_0 - P_A \beta V_1$

同理，当俱乐部进行监督或不监督的预期收益无差异时，可得到俱乐部在博弈均衡时，中国足协进行侵占的最优概率 P_A。

令，$I_3 = I_4$，即，$P_A D + P_A \beta(V_0 - V_1) - C = \beta V_0 - P_A \beta V_1$

得：$P_A = \dfrac{\beta V_0}{\beta V_0 + D}$

因此，混合策略纳什均衡为 $\left(P_A = \dfrac{\beta V_0}{\beta V_0 + D},\ P_B = \dfrac{\pi_2 - \alpha V_1}{\pi_2 - \pi_1} \right)$，即中国足协（国有股东）以 $P_A = \dfrac{\beta V_0}{\beta V_0 + D}$ 的概率进行侵占俱乐部股东的利益，以 $\left(1 - \dfrac{\beta V_0}{\beta V_0 + D}\right)$ 的概率选择不侵占行为；而俱乐部则以 $P_B \dfrac{\pi_2 - \alpha V_1}{\pi_2 - \pi_1} =$ 的概率进行监督，以 $\left(1 - \dfrac{\pi_2 - \alpha V_1}{\pi_2 - \pi_1}\right)$ 的概率进行不监督。

继续探究中超联赛大股东与中小股东在达到利益纳什均衡时，联赛决策及其影响因素相连，我们可以将纳什均衡下 (P_A, P_B) 进行单独分析，如表6所示。

P_A代表中国足协的最优反应策略，它与βV_0和D的关系密切。第一，求P_A对βV_0的偏导数，得$\frac{\delta P_A}{\delta \beta V_0}>0$，这说明俱乐部股东享有联赛价值的成果越多，大股东最优反应P_A越大。这也符合"理性经济人"学说，当联赛利益被其他人分得更多时，意味着自己所得利益将会相对变少，因此便会利用自身的优势去侵占中小股东利益，达到自己利益最优。

表6 P_A、P_B与相关变量关系

因变量	相关变量	含义	关系
P_A A 侵占概率	βV_0	中小股东享有的协同成果	正相关
	V_0	协同治理产生的联赛超越价值	正相关
	D	监督综合收益	负相关
P_B B 监督概率	π_1	处罚综合收益	正相关
	π_2	侵占所得利益	正相关
	αV_1	协同关系破坏联赛治理的损失	负相关

第二，求P_A对V_0的偏导数，$\frac{\delta P_A}{\delta V_0}>0$，说明联赛市场价值$V_0$越高，大股东最优反应$P_A$越高，说明联赛在协同治理下的商业价值增加，会诱使大股东出现利益侵占行为。

第三，求P_A对D的偏导数，得$\frac{\delta P_A}{\delta D}<0$，这说明，对侵占者的处罚或者监督者收益$D$越高，大股东最优反应$P_A$越小。在联赛协同治理过程中，要加大对破坏协同治理机制行为的监督力度，并进行高额处罚或增加监督奖励，一定程度上可以抑制大股东的利益侵占行为。

P_B代表中小股东的最优反应策略，它与π_1、π_2、αV_1变量密切相关。第一，求P_B对π_1的偏导数，得$\frac{\delta P_B}{\delta \pi_0}>0$，（$\pi_1<0$），这说明对于利益侵占行为的惩罚性支付越大或监督收益越大，联赛中小股东的最优反应P_B越高。意味着联赛协同治理监督者收益越高，俱乐部会增加对中国足协侵占行为的监督力度。

第二，求P_B对π_2的偏导数，得$\frac{\delta P_B}{\delta \pi_2}>0$，说明当侵占方发生侵占行为所得的收益越大时，对联赛商业价值破坏也越大，造成了中小股东利益损失，此时中小

股东有更大的监督动力来维护自身权益。

第三，求 P_B 对 αV_1 的偏导数，得 $\frac{\delta P_B}{\delta V_1}<0$，说明中国足协发生侵占行为破坏联赛协同治理机制时，会导致联赛品牌价值下降 V_1，中国足协承受损失 αV_1 越大，俱乐部的监管力度越小。因为足协在承受较大损失的惩罚时，会主动约束自己的侵占行为，外界监管所起的作用较小。

五、研究结论与启示

协同治理需要联赛股东之间的合作、沟通、利益目标一致，在高效的协同治理机制下，联赛各利益主体会整合各方资源，制定科学合理的管理决策，实现联赛市场整体利益最大化。

中国足协作为联赛最大股东，对联赛中小股东俱乐部利益进行侵占或不侵占决策时，俱乐部在选择对足协的行为监督或不监督时，形成了一个"囚徒"式的重复博弈，博弈模型的混合策略纳什均衡为 $\left[P_A=\frac{\beta V_0}{\beta V_0+D},\ P_B=\frac{\pi_2-\alpha V_1}{\pi_2-\pi_1}\right]$。对纳什均衡进一步分析，利用求出 P_A 与 P_B 对相关变量的偏导数，可以看出，监督在联赛协同治理中有着非常重要的作用。一方面，必须构建完善的利益监督机制。对于大股东潜在的利益侵占行为，必须给予俱乐部更多的监督权力，并增加联赛对监督行为的回馈，如较为弹性的联赛利益分配绩效、俱乐部监督奖励措施等。提升俱乐部作为参与股东的监督技能，尽可能地降低监督成本，要确保俱乐部的监督收益大于监督成本，俱乐部才会联合起来对中国足协财务和经营行为进行监督。另一方面，增加对利益侵占的惩罚力度，提高大股东利益侵占成本。要从政策、立法、财务等多方面着手，规范其经营行为，制定合理的管理决策，中超公司要定期对外信息披露，增加财务透明度，让更多的外部利益相关者（媒体、球迷、赞助商）参与监督。

本文构建了中超联赛股东利益博弈协同治理模型，并对提出的 5 个研究假设进行验证，分析了大股东对中小股东利益侵占的潜在可能，以及利益侵占对联赛协同治理的破坏，强调俱乐部监督和必要惩罚对大股东侵占行为治理的重要性。但本文仅从中超公司内部股东视角分析了联赛利益博弈问题，并没有考虑到联赛其他利益相关者的利益博弈，尤其是政府这一重要的利益相关者。可以说，职业联赛协同治理能否实现，很大程度上依赖政府的支持，如政府职能转变、政府政策支持、政府对股东利益关系的监督与协调。政府与联赛股东的利益关系，如中国足协利益博弈背后的政府行为和意愿，俱乐部的利益诉求与利益维护，都需要政府的出面才能有效解决。

当前我国足球改革进入攻坚区和深水区，深化改革必然要涉及职业联赛重大利益关系的调整。改革中各种矛盾集中、交织、叠加在一起，呈现出利益博弈的复杂性、结构紧张性、制度非均衡性等特征。协同治理是解决中超联赛股东利益博弈的有效方法，但在现实中，这一治理方法如何有效得以应用，必然会出现适应性不足的问题，面对突如其来的新问题、新形势，职业联赛协同治理难免会存在不适应的情况。加之联赛内部企业善治文化缺失，政府行为的过度干预，社会治理参与度不高，没有形成管理、决策、监督一体化的现代法人治理机制，使得联赛利益机制不透明、不民主、不公平，这都阻碍了协同治理的进程。这需要回归到联赛治理的现实场景，如我国职业足球联盟构建中利益格局的重构、股东利益关系的调整、利益激励与监督机制完善等，都是影响协同治理的重要因素。

职业联盟构建是联赛协同治理的具体实现形式。《2012年中国职业足球管办分离改革方案》与2015年《中国足球改革发展总体方案》都明确提出："增强俱乐部在联赛中的主体地位，并组建由中国足协和俱乐部共同参与的职业联盟。"职业联盟的构建与联赛股东利益博弈协同治理相呼应，让联赛股东在一个较为完整的职业联盟协同治理架构中，所有股东平等对话，相互信任，通过高效的沟通、合作与协商，达成所有股东都能认可的利益共识机制。现实中，我国职业体育组织构建分权化、部门化、碎片化现象严重，既得利益者的百般阻扰，"足协的不想放权"与联赛"利益共同体"塑造相悖。但值得期待的是，从国家的顶层设计中，中央政府高度重视职业联盟的构建，要求足协主动放权，政府的政策支持为职业联盟构建创造了条件。因此，后续研究应将协同治理理念融入到足球改革顶层设计中，结合"自上而下"的改革路径，借助政府职能转变这一契机，构建一种由政府和市场共同参与、共同治理的联赛协同治理体系。

第五章　职业体育利益博弈的协同治理路径

第一节　制度层面的改革路径

管办分离改革是指要改变由中国足协既办赛又监管的不合理状况，将办赛职能从中国足协剥离，成立专门机构实施办赛。鉴于联赛赛事本身具有特殊的公益性，办赛与经营也必须分离，分别由不同的机构实施，逐步建立与社会主义市场经济体制相适应，符合当代职业足球联赛运作的模式。管办分开，职能明确，能充分调动参与各方积极性，有中国特色的职业足球管理体系和运行机制，通过管办分离改革，逐步解决好职业联赛的管理、决策机制，资源配置的问题。最早提出管办分离的说法时，本意是将联赛彻底与足协划分开，即把联赛运营整体移交给新的职业足球联赛管理公司，该公司独立于中超公司之外，按照现代企业制度推进整个联赛，按照公司法组建董事会，分别成立品牌拉升、商务推广、竞赛运行等团队，每一个团队选一个职业经理人来负责管理。

2012年《中国足球职业联赛实施管办分离改革方案》提出，要将中超联赛"管"的权利归属于中国足球协会下设的职业联赛理事会，"办"商务运作的权利划归置企业法人性质的中超联赛有限责任公司。国务院于2015年先后颁布实施的《中国足协改革发展总体方案》与《中国足球协会调整改革方案》都提出，要在转变政府职能的基础上，理顺足协与足管中心"政企不分、管办不分"的关系，加快政府与足协脱钩，撤销足管中心作为足协常设办事机构，促进足协实体化运营。2016年国务院发布的《中国足球中长期发展规划（2016—2050年）》提出，中国足球改革的目标是，"要理顺足球管理体制，创新中国特色足球管理体制机制，形成搭建政府统筹推进、部门分工负责、社会广泛参与的管理架构。

政府的主要职责是提供足球公共服务，营造市场环境，加强监督管理"。深化足协管理体制改革，调整改革中国足球协会，完善中国足球协会内部管理机制，健全协会管理体系，逐步建立体制完善、结构合理、职责明确、规章健全、监管完善的协会管理体制，形成协会依法自主管理、科学民主决策的新机制。

现代国家的双重身份（权力人与所有人），使公共管理职能（管）与出资人职能（办）集中于政府一身，政府公共服务管办职能及管办关系各国均存在。但由于西方国家在市场经济的大环境下，并不存在计划体制形成的国家包办社会事业的直接根源，更没有出现政府对社会公共事务的统一管理体制而使得权力人与所有人集中于主管部门一身。在监管者职能与举办者职能不分的情况下，主管部门既管又办容易造成政府事业职能"越位""错位""缺位"等问题。以公共行政权行使所有权问题，不利于政府对事业单位的管理，也不利于事业单位自身发展，更不利于形成社会事业多元发展、有序竞争格局①。政府与事业单位在监管与举办职能方面的分离，一定程度上可以延伸到事业单位内部结构治理（人事改革、政企分离）优化方面。市场逻辑是有其现实前提的，它不仅要求有良好的政治基础和政策环境，而且要求涉及产权明晰的竞争激励机制运行通畅。

我国职业足球管办分离改革主要是指政府足球行业管理监督权与举办职能权的分离，核心是政府职能的转变，推行"政事分开"，加快政府与足协脱钩，理顺政府与中国足球协会的发展关系。另一种观点认为，足球管办分离改革是指足协对职业联赛经营权与所有权的分离，即足协内部推行"政企分开"，优化内部治理结构，将职业联赛"办"的权利转交给职业联赛理事会。中国足球改革重点议题的管办分离就是指足球行业管理监督权与举办职能的分离。2012年中国足协推出管办分离试行改革方案以来，管办分离在质疑和赞许中逐渐升温。管办分离改革就是对政府的改革，政府是足球联赛的决策者、管理者、经营者。政企不分即企业经营权与股份权合为一体。中国足协既有对联赛的控制权，也行使联赛的股东权。联赛收益主要被足协控制，俱乐部收益较低，在无任何民主决策的基础上，中国足协回收巨额利益。足球业界普遍认为，管办分离的实质是中国足协内部机构调整，将原有的中超和中甲委员会合并为董事会，参照欧美竞技体育联盟模式，成立由资本主导的职业联盟。2012年管办分离方案明确要求成立职业联赛理事会，理事会主席由足协副主席担任，待条件成熟后，理事会主席由民

---

① 李强. 对社会事业领域"管办分离"改革的思考［J］. 改革纵横，2009（3）：37.

主方式选举产生。

在此基础上,逐步实现"政企分离"改革策略,逐步厘清政府职能边界,推动社会组织在基本职能、组织机构、决策体系与运作管理方面独立自主,在足球改革中构建政府与足协合作共治的治理体系。"政社分离"是深化改革并推动社会体制改革的核心,只有实现政社分开,政府在足球领域的管理职能才能被界定清楚,才能从无限政府转变为有限政府,政府统揽社会的体制才能得到改革;只有界定政府职能并改革旧的体制,"小政府、大社会"的体育发展格局才能实现,足协的社会组织作用才能发挥。需要强调的是,"政社分开"并不是削弱政府的公共管理能力,不是退出社会,而是要在继续深化的改革的基础上,厘清政府职能边界,把政府该管的管好,不该管的足球事务剥离出去,通过培育、支持和购买公共服务等机制,推动社会组织发展足球事务的积极性。我国职业体育联赛官方治理目标是联赛服务于国内外大型赛事,而俱乐部的治理目标是利润最大化。治理目标的差异或治理主体的错位,导致了一种既非横向一体化也非纵向分层的治理结构,进而形成一种本质上是官方(足协、篮协)主导的治理模式,而此时投资方(俱乐部)转向追求联赛的外部利润[1]。实现治理目标相融,以促进治理要素的内在一致性,积极谋划俱乐部和联赛的资本结构多元化,以提升治理模式的外在匹配度。未来我国职业体育联赛的成功,取决于治理机制的外生变量与内生激励的良性耦合。国内职业足球的管理应正视竞技体育的发展规律,构建权责分明、结构清晰、相互制约的管理架构,从人事上、业务上实现真正的管办分离,而不是"一套人马、两块牌子"的不科学的人事任免。目前的中超公司和中国足协是不完整的管办分离,要将联赛举办权力彻底从中央行政机构中剥离,而中国足协也减少在中超公司的控股,同时自身脱离行政力量的渗透和干预,保证联赛正常开展,赛制不被随意更改。

---

[1] 董红刚. 职业体育联赛治理模式:域外经验和中国思路[J]. 上海体育学院学报,2015(6):1–10.

第二节 组织层面的优化路径

一、优化职业联赛理事会地位和职能[①]

（一）问题的提出

职业联赛理事会的构建是我国足球"管办分离"改革的一项重大举措。[②] 2012 年《中国足球职业联赛管办分离方案》与 2015 年《中国足球改革发展总体方案》，都分别提出了成立联赛理事会的战略构想。但由于理事会成立时间较短，就理事会的性质与地位，理事会与足协的关系设计，理事会的内部结构设置、角色与功能如何体现，在联赛理事会的实际运营中存在着许多争议。笔者通过对理事会构建的现状与问题的理性反思，为我国职业足球联赛理事会的重构提供了可行的建议与对策。

我国法人分为企业法人与非企业法人两种，公司属于企业法人，社会团体法人、机关法人、事业单位法人属于非企业法人。根据不同的法人类型，组织内部的决策机构称谓不同。如果是企业法人，在称谓上使用的是董事会，如果是非企业法人，使用的是理事会的称谓。理事会是非营利社团组织内部的一个决策机构，主要由非营利组织内部会员代表大会发起成立的，负责组织内部的监督与决策职能。在我国的法人治理结构中，理事会主要用于学术组织、研究机构等群众团体和社会团体的领导机构组织形式上[③]。在组织机构设置上，理事会与董事会的主要差别体现在内部成员构成方面。在公司治理中，董事会内部成员一般由出资人/股东选举产生，而理事会成员的组成与出资多少无关，主要是以事而成，以有共同价值目标的群体（会员代表大会）民主选举产生。是否使用理事会称

[①] 郑志强，李向前. 中国职业足球联赛理事会构建的反思与重构 [J]. 武汉体育学院学报，2017 (3)：37 - 42.

[②] 百度百科. 中国足球改革发展总体方案 [EB/OL]. http：//baike.baidu.com.

[③] 百度百科. 理事会和董事会有什么区别 [EB/OL]. http：//baike.baidu.com.

谓或董事会称谓，主要是根据组织的法人类型确定的，如果是公司法人，企业的所有权属于各个股东，由股东大会选举产生董事会，来履行企业的决策管理与经营管理权。如果是非营利组织法人，组织的最高权力机构会员代表大会选举产生理事会。

（二）体育理事会组织架构关系及特征

1. 中国职业足球联赛理事会组织架构特征

现行的中国职业足球联赛组织架构中，存在多种管理联赛事物的主体，包括中国足协、理事会、中超公司、职业足球联盟、中甲公司、中乙公司等。中国足协是根据国家《体育法》设立的负责中超、中甲、中乙联赛组织工作的机构，具体包括竞赛规则制定、联赛赛程、竞赛处罚、技术监督等职责。2012年成立的职业联赛理事会是中国足协依据章程特殊成立的、相对独立的、专门管理我国足球职业联赛的机构。理事会由中国足协代表、俱乐部代表、地方协会代表、中超公司代表以及特邀专家代表组成。足协通过授权理事会管理联赛的相关事宜，对理事会的议案拥有最终否决权。中超联赛股份有限公司（以下简称中超公司）成立于2005年，由中国足协与16家中超俱乐部共同出资组建，是在国家工商总局登记的企业法人组织，主要负责联赛的商务运作。中超公司具有独立法人资格，依据《公司法》独立运作，与联赛理事会没有隶属关系。中国足协凭借最大股东的身份优势入驻中超公司，涉及联赛的商务开发、市场经营等业务。理事会受中国足协委托对中超公司工作进行指导。中超联赛职业联盟与中国足协的法人地位平等，属于同一级别的国家足球行业的非营利性社团法人。足球联盟内部设置中超、中甲、中乙3个组，下设由中超、中甲、中乙俱乐部推选人员组成的联盟执委会，执委会下设中超、中甲、中乙俱乐部组成的负责各自事物的工作组委会。职业足球联盟成立后，将取代职业联赛理事会执行局对联赛的管理权力。对于中甲联赛与中乙联赛的商务运营，联盟将构建与中超公司平行的中甲公司与中乙公司，中甲公司与中乙公司成立后，职业联盟将收回足协市场部对中甲与中乙联赛的商业开发权，交于中甲与中乙公司负责。

2. 英超职业足球联赛运营中理事会的职能特征

英国足协与英超联盟是英超联赛的两大管理主体，在联赛中承担不同的管理职责，不存在管理与被管理的关系。在具体职能分配上，英格兰足协主要负责制定足球规则、监督、仲裁、协调等有关问题，从不插手足球联盟、俱乐部的经营和管理活动；而联盟则具体负责联赛的经营、组织、运作等，拥有很高的自主权。联盟人员由英超各俱乐部经理投票选出，英超联赛的推广、运营、商务开发（转播、广告）等也属于联盟负责。在英超联赛治理架构中存在两个理事会，第一个是英国足协内部理事会，是足协内部的最高立法机构，主要职责是负责立法、制定和修改足协章程、处理足球运动相关事务。理事会选出17人组成执委会，下设26个专门委员会负责不同类型的事务，专业委员会成员由执委会任命，形成了从"理事会—执委会—专门委员会"的管理体系。另外一个是职业联盟内部机构的董事会（商务理事会），由各个俱乐部民主选举产生，商务理事会主要负责联赛的商务战略决策与监督。商务理事会采用定期磋商会议制度，解决联赛运营中遇到的实际问题，保障了联赛运营的专业化与高效化运行。

（三）我国职业联赛理事会构建现状的反思

1. 职业联赛理事会的性质争议

我国职业足球联赛构建的性质与定位上存在着较大争议。即构建何种性质的理事会，是中国足协内部机构性质的理事会，还是职业联盟性质的理事会？如果理事会是根据中国足协章程特殊设立的、由足协内部机构调整设置的，理事会则属于足协内部机构性质的理事会。如果构建的是职业联盟下属机构的理事会，那么理事会的基本性质应是中超联赛职业化发展而来的组织机构，隶属于中超职业发展联盟的决策机构，类似于西方职业体育联盟组织下属的联赛董事会。目前，业界与学界对于理事会的统一定位是"中国足球职业联赛理事会"。从该定位上分析，理事会应是职业联赛的理事会，但根据2012年《中国足球职业联赛管办分离方案》规定，"要按照政社分开、权职明确、依法自治的原则调整组建中国足球协会，在中国足协内部成立专门负责职业联赛运营管理的职业联赛理事会，将原有的中超委员会和中甲委员会合并为中超理事会，并在理事会下设立执行局，负责执行理事会的决议①。联赛理事会最初是由中国足协内部机构调整而来，是根据中国足协章程特殊设立的、足协内部的，通过足协授权负责职业联赛相关事宜的组织机构。

2015年《中国足球改革发展总体方案》提出，中国足协要对联赛理事会进行重新构建，明确联赛理事会是由中国足协内部会员代表大会发起成立的，负责职业联赛经营业务的组织机构。从以上两个《方案》可见，不管是从理事会隶属的法人结构类型方面，还是从理事会产生方式判定，理事会在名义上是以中超职业联赛冠名，但实质上是中国足协内部设立的，是足协内部管理职业联赛的决策机构，并非真正意义上"职业联赛理事会"。

我国足球职业联赛理事会在中超联赛治理中对上承接足协会员大会的期望，对中超联赛重大问题进行科学决策；对下对联赛管理者进行聘用与监管，处于会员代表大会与秘书处之间，是其间的中介②。随着日益竞争激烈的职业体育市场与复杂的股东需求，职业联赛理事会的角色是多元的、复杂的。中国足协作为职业联赛理事会的主要构建者，在其关于理事会成立的相关的文件与章程中并没有明确理事会在联赛治理中的治理角色，理事会治理角色的模糊，使得理事会的功能难以发挥作用。理想的职业联赛理事会应该扮演联赛咨询专家、战略顾问、规划者、投资者、关系协调者等多重角色。对于职业联赛理事会来讲，至少要发挥的核心角色是职业联赛战略决策规划与对管理经营者的监督两种。

2. 职业联赛理事会的地位

职业联赛理事会的地位主要包括法律地位与管理地位两种。前者主要是指理事会在国家法律、社团章程中所处的位置，具体包括我国公司法、社团法、体育法、足协章程等法律法规；后者是指理事会在足协内部治理结构中所处的管理职位。关于职业联赛理事会的管理职位设定，根据我国《职业联赛管办分离方案》规定，"理事会是中国足协内部设立的负责职业联赛经营的决策机构"。目前，职业联赛理事会地位存在的问题有两种：一是其法律属性缺失；二是其决策地位不清晰。自2012年职业联赛理事会成立以来，法律界人士普遍质疑理事会的合法地位，涉及联赛的相关部门之间的法律关系仍然混乱。虽然理事会是中国足协

---

① 燕磊. 足球职业联赛管办分离改革方案（试行）[EB/OL]. http://www.chainanews.com/ty/2012/02 – 10/3658740. shtml.

② 王名. 社会组织与社会治理 [M]. 北京：社会科学文献出版社, 2014：250 – 268.

特殊设立的、相对独立的、负责联赛业务管理的办事机构,但关于理事会的合法性并没有在中国足协章程或相关文件里得到明确规定,在中国足协在2014年提交足代会新的章程(讨论稿)中,也没有明确理事会的合法性,理事会并不是法律和章程意义上的主体,不具备管理职业联赛的合法性。

3. 职业联赛理事会的内部治理结构

治理结构是指为实现治理目的而设置的组织架构,包括组织机构、权利关系、决策、执行和监督制衡等。主要通过制度安排与设计,实现法人组织的所有权、决策权、执行权和监督权的分立与制衡。在各种类型的组织治理结构中,理事会或董事会处于核心地位。职业联赛理事会内部治理结构是指对理事会内部的组成及其比例关系所作的一套制度安排,为实现联赛理事会的有效监督和科学决策提供组织保障。联赛理事会的治理结构分为理事会的规模、理事会成员构成、理事会领导权结构、理事会职能委员会设置、理事会知识结构等。

目前,我国职业联赛理事会内部治理结构设置存在的问题主要体现在以下3个方面:第一,关于联赛理事会规模的控制。理事会规模是指理事会中理事的人数。我国新《公司法》对上市公司董事会由5~19人组成的规定,董事会设置董事长1人,副董事长1~2人,董事长和副董事长由董事会以及全体董事的过半数选举产生。目前,我国职业联赛理事会执行委员会由19人构成。在19名理事中,中国足协代表3名、地方足协代表4名、中超各俱乐部代表5名、中甲俱乐部2名、中超公司1名、外部特邀专家理事代表4名,这符合我国新《公司法》对理事会成员构成的规定。但影响理事会规模的因素是多元的、复杂的,既包括理事会成员结构,又包括职业联赛发展战略以及理事会执委会会员设置等因素。在我国足球职业联赛理事会内部规模控制方面,既要合理控制政府机构人员的介入,还要吸引更多的俱乐部与社会人士加入理事会,创造理事会的社会凝聚力,将联赛理事会规模保持在一个"既能议论充分又能准确快速地进行科学决策"的范围之内。

第二,在理事会领导权结构方面。理事会领导权结构是理事长与秘书长的两职设置,即董事长和总经理的职位是合一还是分离的,通常反映了公司董事会的独立性与执行层创新自由的空间①。在这一问题上，总经理的兼任性是关于职能争论中最有争议的问题之一。我国职业联赛理事会在内部领导权结构设置上，职业联赛理事会主席由中国足协委派一名副主席担任，理事会的理事长由足协主席兼任，并非民主公开选举产生，这降低了对足协管理层的有效监督。一个简单的逻辑就是：足协理事代表大股东利益；大股东理事控制理事会；理事会代表大股东利益。

第三，在理事会执行委员会设置方面。执委会是职业联赛理事会全体委员会议的执行机构。执行委员会一般由理事、理事长、主席、执行副主席以及某些重要经营管理部门的总经理组成。在理事会休会期间，执委会既可以帮助理事会进行科学决策，又有助于理事会获得足球市场的经营信息。其主要职责是负责对足协经营活动的全面指导，掌握足协财务以外的其他各项重要决策。目前，虽然理事会内部构成了由19个理事成员的执委会，但执委会的设置也给职业联赛治理带来了消极的影响。首先，19人规模的执委会使得理事会机构臃肿、人员繁杂；其次，执委会仅仅可以提供意见，并不能代表理事会进行决策，一定程度上会削弱联赛理事会的决策职能。

4. 职业联赛理事会的治理职能

我国足球职业联赛理事会在联赛治理中应至少发挥以下两种职能：监督控制和战略决策。其中，监督控制是指理事会代表中国足协会员代表大会对联赛管理层（主席、秘书处）进行监督，确保其管理行为能够符合公共利益。战略决策职能是指理事会对足协的发展进行战略性决策、规划与引导发展，并积极参与职业联赛战略决策，监控战略的实施。理事会在我国足球职业联赛治理中应履行的职能还包括：制定职业联赛的经营目标、战略方针和管理策略；向职业联赛管理层反馈管理决策建议；监督联赛管理层的业绩，负责联赛管理层人员聘用与解聘；确保理事会的决策能够维护足协、俱乐部、联赛投资人、球迷等利益相关者的利益。理事会虽作为对职业联赛经营的主要监督者，但长期以来，"管办不分"是我国职业足球联赛经营的主要特色。在这种管理体制下，足协既是联赛的经营者，又是联赛的监管者，对经营管理者的监督控制出现了"足协内部人领导

---

① 岳东兴，公兵. 中国职业足球联盟将成立拟取代职业联赛理事会执行局［N］. 人民日报，2016-02-20（7）.

经营与足协内部人监督"的不合理现象。理事会的监督职能也被削弱，难以得到合理发挥。

另外，虽然理事会是根据足协章程设立的、较为独立的、负责中国足协内部的决策机构，但在涉及联赛相关重大利益与决策方面，中国足协对职业联赛理事会的议案拥有否决权。由此可见，理事会虽为联赛的决策机构，但更像是中国足协领导下的联赛决策机构，理事会的战略决策职能缺乏自主性与独立性。

（四）我国职业联赛理事会的重构

1. 明确理事会的性质为"联赛理事会"，而不是足协内部理事会

事物的性质就是事物的根本属性，性质是通过外在表现推测出来的，性质主要是一件事物与其他事物之间的联系。明确理事性质的首要问题是，要明确中国足球改革需要的是什么性质的理事会，是足协内部机构性质的理事会，还是成立足球职业联盟下属的理事会？从中国足协内部机构改革视角分析，理事会是由中国足协发起成立的，由足协会员代表大会选举产生，经前中超委员会与中甲委员会合并而来，属于中国足协内部的机构调整，实质是中国足协内部治理结构中的一个决策机构，并非真正意义上的职业联赛理事会。为了保持对职业联赛经营权的控制，中国足协不通过理事会直接任命联赛经营者，造成理事会与联赛股东和经营管理者职能边界的模糊，职业联赛实际被政府过度干预和足协的内部控制，导致理事会形同虚设，难以形成独立于股东和能有效制约管理层的联赛理事会[①]。2006 年我国职业足球联赛以现代企业股份有限公司上市，联赛开始脱离某个具体的所有者而独立存在，成为与出资者相分离的"法人"。但被赋予法人资格的同时，中超公司产生了一系列相关问题：如联赛股东的利益如何保护、如何对中超公司进行监督、中超公司的管理层谁来负责监督，中超联赛所有权与控制权的分离，使得联赛出资者（股东）与经营者（经理层）之间产生了"代理问题"。为了规避代理危机，确保联赛资本安全和最大的投资回报，联赛控股者和所有者会引入董事会治理机制，实现对经营者的激励和监督。中超公司的成立虽

---

① 易剑东. 论完善中国足球法人治理结构的关键问题——写在《中国足球改革总体方案》颁布一周年 [J]. 体育学刊, 2016 (3): 1-8.

一定程度上促进了我国足球职业联赛的管办分离，但中国足协以36%的国有股份入股中超公司，中国足协作为国有资产的首要代理人，以最大股东的身份参与职业联赛的运营与管理，并没有改变我国足球职业联赛是由国家体育总局以及具有政府性质的足球协会负责组织、管理和经营，由职业足球俱乐部参与的一种行政垄断性质的职业体育赛事①。

从我国足球管办分离改革视角分析，成立联赛理事会的目的是将联赛"办"的职务从足协内部中剥离，交由以职业联赛投资人为主体组成的权力机构和相应的职业联盟专业经营机构。中国足协要贯彻落实《中国足球改革发展总体方案》基本精神，从职业联赛发展需求角度，构建与国际足球接轨的职业联赛理事会。中国足球相关负责人也表示，将在2016年底成立具有独立社团法人资格的"中国职业足球联盟"。中国职业足球联盟成立后，理事会将成立足球联盟下属的经营决策机构。理事会如果作为职业联赛的行业运营管理机构，首先需要获得包括所有参与职业联赛的各俱乐部的共同授权，理事会成员和理事会主席人选必须由参赛俱乐部公开选举产生，而不能由中国足协内部选举或委派的方式指定。

综上，基于不同的构建视角，联赛理事会的性质是截然不同的。我国足球职业联赛理事会虽然最初由中国足协内部结构调整而来，由足协会员代表大会选举产生，但理事会并非足协内部的治理机构。理事会是职业足球联盟下属机构性质的理事会，是负责职业足球联赛经营与决策的组织机构。

2. 强化联赛理事会的地位

首先，要强化理事会的法律地位。理事会应具有独立社团法人资格，在法律地位上是全国性的国家一级社会团体，和中国足协是同级社团。而且中国足协与理事会两者最大的区别是，一个是职业机构，一个是法律地位上国家一级的社会团体，跟中国足协在这个地位上是一样的。但由于缺乏独立的法人资格地位，现行的职业联赛理事会实际上是足协内部决策机构，在机构设置上，相当于足协的一个"专业委员会"。理事会的法人地位很难从现行《体育法》与《足协章程》中寻找与追溯定位。中国足协应重新修改《足协章程》对于理事会的立法规定，明确理事会的独立法人资格地位，规范理事会与中国足协的法律关系，明确两者

---

① 张兵. 我国职业体育管办分离的逻辑源起与实践之道——基于政府行为外部性的展开[J]. 西安体育学院学报，2015（5）：513-520.

之间的权利边界，不能将理事会等同于足协内部机构。其次，要增强理事会的独立性。理事会有效性的核心思想便是其地位的独立性。它是指理事会能够独立于管理层独立自主进行管理和决策。通过增强理事会的独立性，可以确保理事会有效地行使其使命和职责，并在相当程度上促使管理层对股东负责，以保证治理的公平和效率。联赛理事会的独立性主要体现在以下两个方面：一是理事会中独立理事的人数；二是理事长与经理兼职情况。独立理事又被称为独立的非执行理事，是组织理事会的重要组成部分。独立理事被认为是保持理事会独立性，对足协高层管理者进行监督的重要力量。增加理事会中的独立理事，既可以帮助理事会吸收更多的社会与市场资源，又可以对理事会的决策做出重大贡献。另外，要从数量上严格控制足协内部管理层人员兼任或担任理事会成员，体现理事会的独立性，突出理事会对理事会内部管理者的监督权力，避免理事会陷入内部管理人员的控制，或理事会与管理层人员合谋侵犯联赛股东的利益，最终导致理事会机构形同虚设[①]。

3. 健全联赛理事会内部治理结构

一是要合理控制联赛理事会规模。理事会规模是指理事会中理事的人数。适度的理事会规模是指"既能充分议事又能快速科学决策"的人数。我国新《公司法》规定上市公司董事会由 5～19 人组成。理事会规模过大会导致成员之间沟通与协调的困难，使理事会的治理决策难以达成一致。理事会规模过小会导致理事会成员专业知识、管理技能的缺乏，对市场资源与信息的掌控不够。根据古典企业理论，可以把理事会看作是一个"黑箱"，则理事会最佳规模应是边际成本与收益成本相等，即理事会成员增加的数量与联赛经济效应相等。一个最佳的理事会规模与联赛治理效益存在显著正相关[②]。我国职业联赛理事会规模应根据联赛经营战略进行调整。当足球职业联赛采取集中经营战略时，说明管理层对联赛发展的前景度满意，理事会内部理事的专业管理技能与效率能够满足管理的需求，理事会规模呈现出小而且由内部理事组成的特点。当职业联赛采取外部扩展战略时，联赛的竞争市场异质性强，联赛外部环境不确定性增强，管理层不得不邀请外部理事来扩大理事会的规模，进而优化理事会成员结构，获得更多的市场

---

① 郑志强. 西方体育组织治理理论研究述评——基于董事会战略功能构建视角 [J]. 体育科学, 2016 (4): 77-79.

② 王中杰. 董事会的构建与运作 [M]. 北京: 中国时政经济出版社, 2006: 56-59.

资源与信息。

二是要优化理事会内部领导权结构。从我国足球职业联赛市场化运营视角分析，理事会的内部领导权结构优化要解决的关键问题是避免理事长与总经理的"两职合一"，形成理事会与管理层之间各司其职、相互制约的机制，理事会负责联赛的决策权，管理层负责联赛的经营权。除了对职业联赛进行科学决策外，理事会还要承担对联赛管理层的聘任与监督职能，防止管理层因个人利益而滥用权力，确保管理层的管理行为符合联赛整体发展的利益。

4. 强化联赛理事会的治理功能

我国职业足球联赛所有权与经营权的分离产生了委托代理问题，职业联赛股东与经营者之间的利益摩擦会使投资人的利益受损。为了降低代理成本股东需要对经营者的管理行为进行有效监督，为了实现监督的目的，职业联赛各大股东会构建一个合理的理事会，让理事会代理股东行使监督权力，成为连接联赛股东与联赛经营者的中枢[①]。因此，我国足球职业联赛理事会的最基本职能就是代表股东监督联赛管理层。另外，战略决策职能是理事会对职业联赛的发展进行战略性指导，并积极主动地参与战略决策的制定与实施。除了监督联赛管理层外，理事会的大部分时间旨在向经理管理层提出战略决策的相关建议，并且要认真考虑经理层人员的更换，推动我国足球职业联赛改革的有效实施。

我国职业联赛理事会构建的目标是打破足协对职业联赛既监管又办赛的不合理局面，将联赛经营权转交给理事会负责，促进联赛所有权与经营权的行使主体的分离。现行的职业足球联赛理事会是由足协内部会员代表大会选举成立的，由足协内部机构调整而来，在内部结构设置上相当于足协内部的一个"专业委员会"。随着我国足球职业联赛的发展，需要对理事会进行重新构建，理事会的性质是独立于中国足协的国家一级社会团体，在机构设置上，应类似于职业体育联盟下属的董事会，是职业体育赛事治理的核心，主要负责职业联赛的经营监督权与经营决策权。

---

① 刘昉，史国生. 以博弈论审视中国职业足球联赛的制度变迁——基于英超联赛与中超联赛升降级制度的对比 [J]. 体育成人教育学刊，2013 (3)：19-20.

二、优化中国足协内部治理结构[①]

(一) 问题的提出

在我国,体育行业协会是由政府创立或经政府倡议,体育总局为其业务指导部门,在行业内部由会员大会组织发起并建立,依据自愿原则建立,并在民政部门登记注册的具有社团法人资格的非营利性组织。中国足球协会是中国足球运动的管理机构,国内简称中国足协或足协,是中国唯一拥有独立发展、独立管理、独立监督的单项体育行业协会[②]。2015年《中国足球改革发展总体方案》提出:"要不断完善中国足球协会内部治理结构、权力运行程序和工作规则,建立决策权、执行权、监督权既相互制约又相互协调的机制。"[③]《中国足球中长期发展规划(2016—2050年)》提出:"要不断调整改革中国足球协会,完善中国足球协会内部管理机制,健全协会管理体系,逐步建立体制完善、结构合理、职责明确、民主决策、监管完善的协会管理体制。力争到2050年,实现中国足协成为亚洲最佳协会之一的目标。"[④]

作为我国足球产业建设和社会足球发展的重要力量,中国足协在为政府提供咨询、服务职业俱乐部发展、优化资源配置、加强行业自律、创新联赛治理、履行社会责任等方面发挥了积极的作用。深化足球改革要求中国足协发挥行业领导者的管理作用,按照行业协会自治章程与职业联赛市场运行规律,实现对职业足球联赛的自治。但"脱胎"于政府的中国足协,由于自身力量的薄弱,在治理结构方面普遍存在机构设立不健全、内部监督机制缺乏、决策程序不科学和会务不透明等问题[⑤]。本研究以中国足协内部治理结构为研究对象,对中国足协内部机构设置与治理结构现状进行了实证考察,针对足协内部治理结构存在的问题,

---

[①] 郑志强,李阳,冯晓丽. 中国足协法人治理结构的优化策略 [J]. 体育成人教育学刊,2020 (4):48-51.
[②] 百度百科. 中国足协 [EB/OL]. http://baike.baidu.com.
[③] 新华社. 中国足球改革发展总体方案 [N]. 人民日报,2015-03-17 (6).
[④] 张安琪. 国家发改委印发中国足球中长期发展规划(2016—2050年)[EB/OL]. http://sportsnews.xinhua.com/128883907.html.
[⑤] 百度百科. 体育行业协会 [EB/OL]. http://baike.baidu.com/view/10812319.htm.

分析了影响足协内部自治能力的相关因素，提出了完善中国足协内部治理结构的具体对策与建议。

（二）理论基础

组织治理结构是指为了实现治理目的而设置的组织架构，包括组织机构、权利关系，决策、执行和监督制衡等[①]。组织治理结构一般包括内部结构性治理与外部功能性治理两种。组织内部结构性治理是通过组织的结构设计所形成的组织内部利益相关者之间的制衡机制，通常表现为"治理结构"，它通过决策机制、监督机制、激励约束机制和自我调控机制等设置来规定或规范不同人（角色）的权利与责任。从这个意义上来说，结构性治理实质上是一个组织"权利"的分配与支配机制问题。外部功能性治理是组织与环境互动中通过环境的输入与输出对组织产生的制约，其实质是一种"资源"配置与分配机制的问题[②]。从组织的内外部构成来讲，组织的内部治理结构主要包括会员代表大会、理事会、监事会和内部机构设置，如秘书处、各分支机构，还有理事长、秘书长领导下的各种组织经营与管理活动，构成了组织"内部"运营机制。组织的外部结构包括办公处所、机构名称牌子、办公设施[③]。

不同的组织有着不同的内部治理结构。在公司内部治理中，治理结构是联系并规范股东（财产所有者）、董事会、高级管理人员权利和义务分配，以及监督等问题的制度框架。具体而言就是指所有者、董事会和高管三者之间组成的一种组织结构。公司治理结构是一套控制和管理公司的机制，狭义地看，它是公司董事会的结构和功能、董事会与管理层的权利和义务以及相应的聘选、激励与监督等方面的制度安排。广义地看，它关注公司的人力资源管理、收益分配与激励机制、财务制度、公司发展战略以及一切与公司高层管理控制有关的一系列制度设计。从根本上来看，治理结构通过构筑公司的管理层、董事会、股东和其他的利益相关者之间的一系列关系，从而确定公司所追求的发展目标，选择实现这些目标的手段，监督公司的绩效，为公司的运作提供一套机制。公司治理结构是提高决策效率的一个关键因素，完善的公司治理结构为董事会和管理阶层提供了适当

---

① 于小千. 管办分离：公共服务管理体制改革研究 [M]. 北京：北京理工大学出版社，2011：181.
② 陈英. 公共事业治理结构、模式与中国公共事业改革 [J]. 财经政法资讯，2006（5）：52 - 59.
③ 王名. 社会组织与社会治理 [M]. 北京：社会科学文献出版社，2014：243.

的激励机制去追求符合公司和股东的利益的目标,并能够起到有效地监督、激励公司更加有效利用资源的作用。

非营利组织内部治理结构的运作、管理与公司基本一致,但非营利组织不存在股东与股东大会,也不存在所有者,没有较为统一的衡量治理结构治理效率的标准。非营利组织在治理目标、治理过程上与政府机构相似,提供社会公共服务,接受社会监督。公司治理中,董事会一般由公司所有者组成,他们进行治理的目的是为了避免"内部人控制"而维护公司所有者的利益。而非营利组织治理结构中的理事会和执行长官都不过是"代理人"角色,其差别在于委托人不同,因此与公司治理比较,非营利组织结构性治理功能明显弱于公司的结构性治理功能[①]。公共选择理论认为,非营利组织治理是为了填补政府公共物品提供的空隙和弥补契约失灵所导致的市场供给公共物品的匮乏。一般由政府作为委托人,把本应由政府承办的部分公共事务交由相应的事业单位来承担。相应的事业单位为代理人具体承担相应的公共服务,提供公共物品。政府与事业单位建立了一定的委托、代理关系。这种官方资助建立的公共事业的治理通常受到更多来自政府方面的制约,其外部功能性治理(政府规制)程度较强。但非营利组织治理不可能像公司治理一样构建严格的内部激励与责任机制。多数非营利组织治理面临的普遍问题是,内部结构性治理决策不科学、监督不健全、治理低成效等现象。为了提升治理效率,非营利组织会通过完善并优化其内部治理结构(结构性治理),借鉴并采用公司/企业治理模式,建立理事会为最高决策机构的内部治理结构[②]。

治理结构是行业协会法人治理的核心,其内部治理结构是为了实现一定的组织目标做出相应的契约、制度和操作安排。由图7可知,健全的行业协会内部治理结构主要包括以下四种主体:①会员代表大会,由自愿加入行业协会的会员企业组成,是行业协会的最高权力机构。会员数量较多(会员数量超过200个以上)的行业协会,可以由会员选举代表组成会员代表大会,代为行使职权。②理事会,由会员大会推选产生,是会员大会的执行机构,并向会员大会负责。理事较多(人数超过50人以上)的理事会可以从理事中选举产生常务理事组成常务理事会,行使理事会的职权。理事会是行业协会治理结构的核心组成部分,往往掌握着有关组织宗旨、发展方向、重要活动等重大问题的实际决策权。另外,理

[①] 陈英. 公共事业治理结构、模式与中国公共事业改革 [J]. 财经政法资讯, 2006 (5): 52-59.

[②] 郑志强. 西方体育组织治理理论研究述评——基于董事会战略决策功能构建视角 [J]. 体育科学, 2016 (4): 79-83.

事长一般也兼任会长。③监事会，由会员代表大会选举产生，为行业协会的监督机构，会员较少的行业协会可以不设监事会，只设监事。监事会或者监事主要对理事会的决策、秘书处的活动、协会的财务管理以及会员遵守行规行约的情况等进行监督、批评和建议，需要保持相对独立性。④秘书处，为行业协会常设办事机构，由秘书长及相应机构组成，负责处理行业协会的日常事务。秘书处除了设立各种办公部门外，还往往根据行业细分标准设立相应的专业委员会。秘书长一般为行业协会聘任的专职人员，列席理事会或者常务理事会会议①。

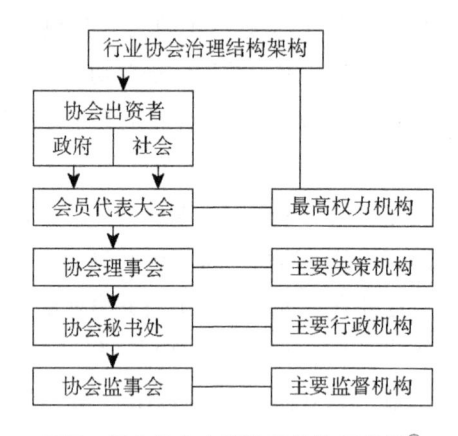

图7　行业协会内部治理结构示意图①

（三）中国足协内部治理结构现状

从我国足球改革的实践分析，不管是政府与足协脱钩，还是足协内部机构重设、权限分配、人事编制等一些改革举措，都属于社会组织结构性治理改革范畴。保持良好与规范的内部治理结构是中国足协能否进行有效、健康的自我管理，提升社会公共服务能力，获得社会认可和公众信任的重要因素。由图8可见，目前，在中国足协内部治理结构行为主体中，作为权利机构的会员代表大会与行政机构的主席会议较为健全，但作为决策机构的理事会与监督机构的监事会尚未建立。

首先，会员代表大会是中国足协内部治理的权利机构，主要负责制定中国足协章程等法规文件的基本立法活动，并掌握中国足协的重大决策。会员代表大会

---

① 董文琪. 行业协会的内部治理问题研究 [EB/OL]. http://www.chinanpo.gov.cn/700100/92605/2009 - 10 - 21. html.

下设执行委员会（又称常务委员会），是中国足协最高权力机构的常设机构。执行委员会由主席、专职副主席、副主席、秘书长、司库等组成，在全国代表大会闭会期间行使大会职权。其主要职权包括：①执行会员代表大会的决议；②向会员代表大会提议选举或罢免主席；③决定和筹备召开会员代表大会或特别会员代表大会；④向会员代表大会报告工作；⑤决定会员的吸收或除名；⑥决定足协重大事项决策。

其次，主席会议是足协内部执行机构。在执行委员会闭会期间，处理足协的重要日常工作。主席会议由主席指定的若干副主席和秘书长、司库组成。下设咨询、财务、竞赛、学校足球、新闻、外事等 12 个专项委员会，这 12 个专项委员会是足协内部的办事机构，由秘书长负责领导，秘书长也是中国足协真正意义上的行政机构。主席会议的主要职权是：①执行会员代表大会和执行委员会的决定；②筹备召开会员代表大会；③决定会员的吸收或除名；④领导本会各机构开展工作；⑤批准有关足球业务的各项计划、方针、政策；⑥决定其他重要事项。主席会议下设由秘书长领导的办事机构，负责处理本会的日常工作。常设办事机构的设置，由秘书长提出方案，报主席会议批准。秘书处的具体职责是：①执行委员会和主席会议的决定；②执行各专项委员会的决定；③处理日常事务性工作；④处理本会的对外联络工作；⑤管理本会财务；⑥本会领导交办的其他工作。

最后，按照行业协会内部治理结构标准衡量，较为完整和规范的行业协会内部治理结构应包括会员代表大会（权力结构）、理事会（决策机构）、秘书处（行政机构）与监事会（监督机构）四个部分。现阶段，中国足协内部治理结构设置并不健全，足协内部仅有最高权力机构（会员代表大会）与最高行政机构（主席会议）两个主体，决策主体理事会与监督主体监事会尚未设立。

```
中国足协内部治理结构
        ↓
会员代表大会/最高权利机构
        ↓
主席会议、秘书处/行政机构
        ↓
决策机构（无）/监督机构（无）
```

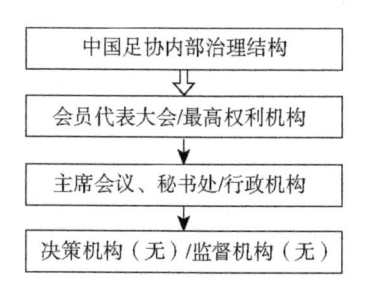

图 8　中国足协内部治理结构示意图

（四）中国足协内部治理结构的问题

1. 足协内部治理结构设置不健全

一是专业决策机构理事会缺乏。治理结构是组织治理的核心，而董事会/理事会则是组织内部治理的核心。实证调研发现，目前，中国足协内部长期执行的是会员代表大会制度，没有建立自己的理事会。在会员代表大会闭会期间，足协内部的决策权力一直都由执行委员会（又称常务委员会）代替行使。而足协内部决策权力一直未能从执委会中分离出来，执委会内部成员的20人中，足协主席与秘书长都在其列，协会的重大决策依赖少数人决定，导致执委会往往被主席会议牵着走，足协内部难以形成权职明确、相互制约、规范合理的科学决策机制。

二是监督机制监事会缺乏。在非营利组织内部，监事会一般由会员代表大会选举的监事以及由组织成员民主选举的监事组成，是组织内部法定的必设和常设机构。目前，中国足协还未按照行业协会章程规定设置监事会。已有研究认为[1]，中国足协内部治理结构中行使司法监督权利仲裁委员会。我国《仲裁法》规定，仲裁委员会是为解决组织与其他社会法人之间财产产权与合同纠纷的司法机构。中国足球协会章程第50条规定：仲裁委员会负责处理本会管辖范围内与足球运动有关的行业内部纠纷。综合上述对仲裁委员会的界定与解释，仲裁委员会主要是解决足协内部发生的行业经济纠纷与争议，将其看作为足协司法监督机构的观点值得商榷。此外，中国足协正在调整和完善专项委员会制度建设，在中国足协内部的12个专项委员会中，道德委员会正在筹建，在机构设置上与纪律委员会、仲裁委员会相似。道德委员会主要负责监督足协内部各行为主体的行为规范与道德约束职能，类似于行业协会的监事会。中国足球协会章程第48条规定，道德委员会主要针对会员、运动员、教练员道德方面的监督。并没有对足球协会自身的监督。由此看来，中国足协内部监督机制并不是非常完善的。2009年掀起的中国足坛反赌扫黑风暴及中国足球协会管理层官员出现违纪违法的事

---

[1] 张春良. 体育协会内部治理的法治度评估——以中国足协争端解决机制为样本的实证考察[J]. 体育科学，2015（7）：18-57.

实，从一个侧面佐证了中国足球协会内部缺乏严格的监督机制。

2. 足协内部会员管理方面

内部理事会与监事会的缺失，意味着中国足协内部难以形成相互分权与制衡的治理结构，这给中国足协内部治理带来了一系列问题，如会员选举、会员结构、会务管理、领导权归属、人事结构混乱等。

其一，会员选举制度不合理。行业协会选举制度是根据协会章程规定的关于选举协会内部机构如代表大会、理事会、秘书处、监事会等人员的原则、程序和方法等各项制度的总称，具体包括足协内部选举的基本原则、选举权利、选举程序和方法，以及选民和代表的关系。经调查发现，目前，中国足协会员尤其是主要负责人的选举以等额选举为主，一般都由国家体育总局委派。国家体育总局通常通过直接任命、推荐任命行业协会领导或者主持选举程序的方式，实现对足协人事权力的控制，被委派的管理者多以国家干部的身份入驻足协兼任职务，并非通过选民民主投票选举产生。这种"内部人"选"内部人"的制度，虽保证了足协内部成员来源的稳定性，但多数管理成员并非通过会员内部民主选举产生，这不仅违背了行业协会民主选举的基本原则，更为重要的是管理者在执行足协管理计划和决策时，既要落实足协的要求，又不得不考虑政府利益，特别是在两者利益不一致时，管理者会更多的从国家体育总局的利益角度出发进行决策，一定程度上影响中国足球的健康发展。

其二，会员结构不合理。足协是足球工作者自愿结合组成的社会团体，会员是足协的组织细胞，是足协赖以存在的根本依据。现阶段，足协内部会员构成分为单位会员与个人会员两种类型。单位会员主要指省、自治区、直辖市、足球改革重点地区或城市的足球协会、各全国性行业、系统的足球协会及中国人民解放军足球运动组织，可以申请会员资格并加入本会；个人会员是指经本会会员协会或主席会议提出，并经执行委员会批准，可以接受对中国足球事业有突出贡献的人士，为本会荣誉个人会员。荣誉个人会员可列席会员代表大会。从中国足协第10届会员大会执委会成员20人名单来看，单位会员比例占80%，来自教育部、国家体育总局、地方体育局等不同的国家事业单位或行政机关；而足协内部个人会员仅占20%，由中超联赛俱乐部、社会人士组成。这种人员结构分布，不仅难以充分考虑各俱乐部的利益，更为重要的是难以实现科学决策的目标，从而制约中国足球的良性发展。

3. 足协会务议事制度不科学

根据《中国足协章程》文件内容规定，足协内部需要召开的常规会议包括足代会、会员代表大会、执委会、主席会议、中层领导会议、专项委员会会议等。但《中国足协章程》文本仅对会员代表大会（每年召开一次）与执委会会议（每年至少召开3次）独立开会议事的制度做出规定，其他会议并没有在足协文件中得到体现。以足代会为例，足代会作为足协级别最高、最重要的议事会议，具有制定与修改足协章程、选举罢免主席、副主席、秘书长、司库等最终事宜职权。按照行业协会管理，如此重要的会议，足代会至少每四年必须举行一次，每次会议召开的实施细则，如会议次数、人数、规模等都需要明确规定。从中国足协足代会召开的历史来看，从1979年举行第一次足代会至今的37年期间，足协足代会仅仅召开3次，这说明中国足球协会会议、决策及日常管理等内部运行机制尚未建立，会议管理制度不够完善[①]。

4. 足协内部人事结构不稳定

由于足协内部管理者多以国家干部的身份入驻足协参加管理工作，管理者既是事业单位在编行政人员，又是社会组织志愿管理者身份，具备"双重"的管理角色。在这种人事体制下，足协内部人员兼职现象严重，人事调动频繁，导致足协内部人事结构缺乏稳定性。管理者一般都身兼两职，工作业务繁忙，不得不忙于应酬，很难集中精力着手足协管理任务。另外，受事业单位行政人员政绩观的影响，足协内部管理人员，尤其是足协主席人选更换与调动频率高，人员流动性较大，导致足协内部人事结构极不稳定。

5. 足协内部领导权缺失

足协内部领导权主要体现在董事长与经理的职位是合一还是分离的，通常反映了公司董事会的独立性与执行层创新自由的空间[②]。在中国足协内部领导权结构设置上，足协秘书长的兼任性是关于职能争论中最有争议的问题之一。由于足

---

① 金文. 足代会历史：举办两届竟相隔24年多项规划成笑柄[EB/OL]. http://www.chinanews.com/ty/2014/01-06/3658740.shtml.

② 董文琪. 行业协会的内部治理问题研究[EB/OL]. http://www.chinanpo.gov.cn/700100/92605/2009-10-21.html.

协内部没有构建专门的理事会,足协内部的决策权与行政权基本都由秘书长代行,足协主席实际上就是理事会的理事长,而秘书处又是主席会议下属的常设办事机构。一个简单的逻辑就是:主席会议或执委会代替理事会行使决策权利,主席会议下属的秘书处(秘书长)具有实际行政权利,而足协主席与秘书长均由足管中心官员兼任,足协的内部领导权被国家体育总局足球管理中心所掌控,最终的结果就是多数情况下行政指令取代了民主决策,不仅会导致中国足球协会、各俱乐部利益受损,而且也对中国足球长期、健康地发展造成了很大影响。

(五)中国足协内部治理结构的优化策略

1. 建立健全内部治理结构

首先,要构建新型的理事会决策机构,强化足协内部的决策权力。如图 9 所示,理事会是足协内部治理的关键环节,在足协治理中发挥着战略决策主导作用,这种主导作用在足协内部结构治理、管理计划与治理效率方面有着积极的影响。现阶段,足协内部治理结构最大的问题是缺乏一个较为规范、高效和责任统一的决策机构——理事会。2012 年《中国足球职业联赛管办分离改革方案》提出:"要构建新型的职业联赛理事会构想,将足协办职业联赛的权利剥离出去,委托给联赛理事会经营。"但从联赛理事会的实际运作情况来看,理事会存在性质不明确、地位不突出、没有独立法人资格的问题[1]。

长期以来,足协内部的决策职能被执委会所行使,但执委会作为会员代表大会的常设委员会,其职责主要体现在足协的权力管理与会员管理层面,不应该涉及足协内部的决策制定与执行权利。作为足协的决策机构,理事会必须由会员代表大会选举产生,对会员代表大会负责。理事会产生以后,足协的决策权力应由执委会交接给理事会,两者各司其职,不能出现机构重复、职能混乱的情况。中国足协内部理事会人员组成既要体现代表性,吸纳各利益相关群体,又要体现政府的主导性,还要确保理事会不能隶属于任何事业单位或行政机关。在内部人员

---

[1] 郑志强. 西方体育组织治理理论研究述评——基于董事会战略决策功能构建视角 [J]. 体育科学,2016(4):79-83.

组成方面，应主要由以下 4 部分组成：①政府或政府相关部门委派代表；②举办单位代表（国家体育总局、中华全国体育总会、中国奥委会）；③事业单位代表；④社会代表，主要由服务对象、社会知名人士及其他利益相关者代表组成，具体人选可由政府、社会组织、事业单位推荐产生[①]。

确保理事会在足协的决策权力，一是要确保理事会能够在客观公正的立场进行决策，决策必须客观地反映足球决策本身性质，不能以各自好恶进行决策。要为国家和全民（所有者或股东）的利益而决策，不能以经营者或其集体的利益为出发点进行决策。二是结合中国足球发展实际情况与特点，做出正确的决策，要求决策主体达到专家水平。理事会的决策必须符合国家法律规定，符合协会章程，不能牺牲多数会员利益。三是在理事会内部设立常务理事会，改革足协内部执委会机构，将执委会的功能与权责交与常务理事会，作为理事会的常设机构，常务理事会在理事会闭会期间代行理事会的职权。四是优化理事会内部结构，避免理事长与总经理的"两职合一"，形成理事会与管理层之间各司其职、相互制约的机制，理事会负责足协的决策权，管理层负责足协的经营权。

2. 在足协内部建立监事会，完善足协监督机制

监事会一般由会员代表大会选举产生，为行业协会的监督机构，会员较少的行业协会可以不设监事会，但必须设若干监事来确保组织的监督机制正常运行。按照行业协会章程规定，在足协内部应设立相应的监事会，监事由足协会员代表大会选举产生，对会员代表大会负责。监事会人员不能由足协主席、常务副主席、秘书长等兼任，要确保监事会的独立性。监事会对足协的经营管理进行全面监督，包括调查和审查足协的财务和业务状况，对足协主席、副主席、秘书长等管理者的行为进行监督，对理事会决策计划、决策执行等进行监督，对足协领导干部任免提出建议，定期向会员代表大会或理事会提供监督报告，确保足协内部治理的透明与干净。如果监事会发现理事会、足协主席和秘书长等其他高级管理人员存在违反法律、法规或《足协章程》的行为，可以向理事会、会员代表大会反映，也可以直接向司法机关进行报告。

---

① 易建东，施秋波. 论完善中国足球法人治理结构的关键问题——写在《中国足球总体改革方案》一周年 [J]. 体育学刊，2016（3）：1-8.

3. 要加强秘书处的执政能力

由于会员代表大会行为能力的局限，并非所有事务每次都得由会员代表大会事必躬亲，而是要通过建立相互制约的结构体系，对各主体之间的权责划分，通过会员大会的有效授权，设定经营权主体，在建立经营权主体后，必须设立监督经营权主体的行为是否符合所有权要求的主体[①]。有观点认为，"秘书长是社团的灵魂"，当代表大会、理事会闭幕后，行业协会内部的日常工作，基本上都落到秘书处，具体地说，是落到了秘书长身上。由此可见，要治理好一个社团，必须首先治理好秘书处，要治理好秘书处，必须首先治理好秘书长[②]。对于足协而言，秘书处是处理足协日常行政事务的常设机构，也是足协的重要执行机构。在某种程度上，秘书长可以说是足协的职业经理人，是足协内部治理结构的中枢和纽带。在足协内部理事会成立后，足协秘书长应由理事会选举或聘任产生，对理事会负责，秘书处要与理事会合作完成足协的工作架构搭建和规章制度修订工作。秘书处的主要职责应当包括：组织实施足协会员代表大会、足协理事会会议做出的各项决议、决定；代表足协向政府部门和其他社会组织反映足协的诉求及维护足协的合法权益；协调足协会员之间的关系；对足协会员进行日常管理与服务；筹备足代会、理事会会议等。

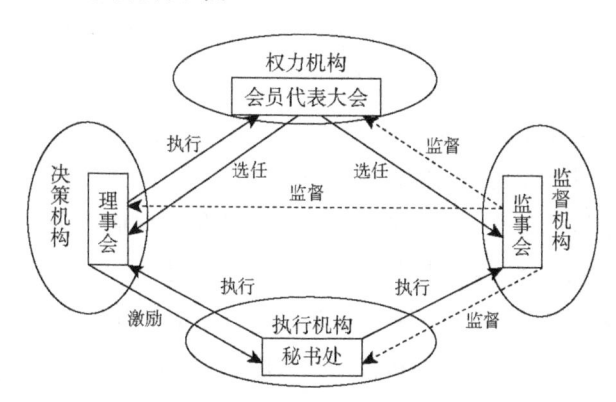

图9　中国足协内部健全的治理结构图

[①] 王书娟. 论我国行业协会内部治理结构的完善 [J]. 福建政法管理干部学院学报, 2008 (2): 50-54.
[②] 王名. 社会组织与社会治理 [M]. 北京: 社会科学文献出版社, 2014: 243.

4. 会员管理方面

首先，要规范足协内部会员选举制度。目前，中国足协虽作为民政部门的注册法人，但会员选举制度并非是自下而上的。通过全体会员民主选举而成的民间团体，其机构和管理人员基本由国家体育总局任命。这种会员选举制度并不符合足协章程会员选举事项的规定。根据行业协会章程对人事选举制度相关规定，明确中国足协会员代表大会、理事会、监事会等成员应当由一定比例的会员（如十分之一以上）提名，足协主席、秘书长人选则应由理事会提出，选举采用不记名投票的方式，实行差额选举①。其次，在足协理事会成员选举方面，要按照科学的法人治理结构规范足协选举程序，根据管理者的业务素质、管理业绩、社会声望，改变单一"政府委任式"内部选举方式，注重会员投票选举制度，通过社会网络、问卷、电话、实地等民意调查，让选民选出称职的代表。在足协主席和秘书长职务选举方面，除了政府的推荐和委任外，更要发挥理事会的作用，理事会可以通过选举、聘任或向社会公开招聘等方式产生。

5. 要不断调整和优化会员结构

足协要严格按照成立初始制定的章程，加强会员制度化建设，不断优化足协会员结构。2012年《中国足协管办分离方案》规定："撤销足管中心及其足协内部人事编制，减少中央体育行政部门与地方足协的人事代表，增加经济界、法律界的社会人士。构建由国务院和国家体育总局行政部门代表、足球知名专业人士、社会人士、专家代表构成的新型足协领导班子。"② 中国足协内部会员结构调整的基本思路是：通过减少事业单位会员的比例，增加社会个人会员的比例，让足协的单位会员与个人会员控制在合理的比例范围内，构建与《中国足协管办分离方案》要求相符的会员组织体系。在个人会员吸纳方面，要严格把关，对会员的社会身份、专业知识、职业精神与社会影响等方面进行全面考察，个人会员的选拔既要突出社会性与身份性，更要突出专业性与权威性。为增强协会的社会影响力与认可度，可以把热爱并支持足球事业的社会名流聘为名誉会员。此外，

---

① 王书娟. 论我国行业协会内部治理结构的完善［J］. 福建政法管理干部学院学报, 2008（2）: 50 - 54.

② 燕磊. 《足球职业联赛管办分离改革方案（试行）》全文［EB/OL］. http://www.chinanews.com/ty/2012/02 - 10/3658740. shtml.

足协要面向社会公开招聘，广纳贤才，高薪聘用具有法律、管理、经济、体育等综合专业知识背景的人才，加强理事会、监事会、秘书处、专项委员会的内部机构人才体系建设，重点聘请高校的知名学者、专家担任独立理事、监事，确保足协会员治理的专业性与独立性。

6. 规范足协内部会议议事制度

足协内部会议议事制度是为加强组织管理，更好地完成组织的目标，建立有序的工作秩序，提高工作效率、工作灵活性和规范工作行为，结合组织内部实际情况特别制定的制度。完善与规范的足协会议制度包括会议制度文件、定期召开会议、会议机构职责等。首先，足协要在其内部制定一部较为规范的会议制度文件，会议制度文件应明确会员代表大会、执委会、主席会议等内容，以及以上会议召开的次数、出席会议的最低人数要求、召开临时会议的条件等。文件应由足协秘书处负责制定，然后经过足协秘书长审核通过，最后上交足协行政部门（秘书处）负责计划、布置和实施。其次，为保障足协内部工作的正常开展，足协内部要严格按照会议制度文件执行会议，形成按时开会的原则。足协每年应当至少召开一次足代会或会员代表大会，经半数以上会员或五分之一以上理事或监事提议，可以召开临时会议。会员代表大会应由执行委员会召集，因特殊情况需提前或延期换届的，须由执行委员会表决通过。再次，要明确足协内部机构之间的会议职责，如哪些事项由会员代表大会决定，哪些事项由执委会决定，哪些事项由主席、秘书长决定，会议涉及足协内部规范运作的重大事项必须由会员代表大会 2/3 的法定人数同意通过。最后，推动各专项委员会工作机制的建立，建立专项委员会的会议制度和议事机制，保证专项委员会会议与执委会会议、主席会议都定期举行，改变单项委员会单一的工作报告形式，突出单项委员会的分领域报告，切实在足球治理领域担负起集思广益、发展研究、规划布局的责任。

7. 改革创新足协内部人事制度

干部兼职严重、专业人士短缺、员工激励机制缺乏等问题使"人事变革"成了中国足协内部治理结构改革的焦点与难点。针对协会内部干部兼职问题，要确保在足协工作的国家干部，主动免去其事业单位职务。足协可以采用市场经济人才管理方式，建立竞争与激励相结合的人事考核机制。通过面向社会与市场，高薪聘用各类熟悉市场经济学、市场营销、企业管理、法律等专业知识的体育管理人才，双方签订人事合同，受聘人员没有行政编制，按照个人绩效，同工同酬、公平竞争、统一考核。考核机制建立后，足协还应采用"人事裁剪"方式，对不合格的管理者进行裁员，对管理者精英提高其福利待遇，并安排其关键职位，通过内部激励机制，提高员工工作效率。

8. 强化足协自身内部的领导权

在以往"管办不分"的管理模式下，会员代表大会以及下设足协主席、专职副主席、秘书长等职务基本由国家体育总局干部兼职担任，足协主席仅是挂名，不负责日常事务。不可否认，会员代表大会在章程制定、人事任免、政策咨询等方面发挥了应有的作用，但在决策战略、司法监督、审查等方面未能发挥很好的平衡制约作用。作为足协的最高权力机构，会员代表大会由足协全体会员组成，会员代表大会的最高权力事项必须由足协章程予以明确。对足协而言，设立会员代表大会制度是一种必要且可行的制度设计，但就如何确定会员代表，如何保证会员代表具有真正的代表性，如何确保会员代表大会行为能力的科学性与权威性，是当前足协内部应当明确的一个重要问题。

综上所述，良好的体育行业协会内部治理结构包括以会员代表大会为首的最高权力机构、以理事会为主的决策机构、以监事会为主的司法监督机构和以秘书处为主的行政执行机构四类主体。受我国社会主义市场经济体制、政治体制改革、政府职能、社团制度等因素的限制，以及中国足协与生俱来的制度缺陷，导致足协内部改良必须遵循一种"应然"的理性超前与"实然"的现实回归的制度逻辑。在中国足协内部自治的道路上，足协要结合我国市场经济、政治体制、政府职能、社团制度等社会结构的发展规律与特征，不断提升与完善内部治理结构，构建协会内部理事会与监事会，通过理事会与监事会工作制度的设计与安排，规范不同治理角色的权利与责任，最终实现中国足协内部所有权、决策权、执行权和监督权的相互分立与制衡。

第三节 有条件的市场化改革逻辑价值取向

中国体育的发展需要将更多的精力用于梳理和认识当前面临的主要矛盾，寻求中国体育体制改革的逻辑基点，确立新时期中国体育发展的价值取向。对于中国体育而言,"坚持和完善举国体制"具有政治的合法性和正当性。提出逻辑起点包括3个方面:一是维护和保障大众体育权利;二是顺应和满足社会体育需求;三是提升体育发展效益①。而各种利益主体利益博弈的异化成为导致中国体育管理体制出现危机的主因。指出只有对营利逻辑与非营利逻辑进行思考才能超越国家逻辑与市场逻辑,通过博弈的多赢才能解决各种利益主体博弈异化的问题②。

我国职业体育是一种渐进式的增量改革,职业体育市场尚未形成,运动员和教练员等要素市场尚未流通,依托社会,缓解国家减少竞技体育发展财政拨款的危机,实现职业联赛"从无到有"的转变③。由于这种依托社会资源发展竞技体育的格局,并未从根本上触动计划机制下的既得利益,改革阻力和成本小,改革也较容易实现,从而有效推动我国职业体育的发展进程。尽管政府形成机构进行相应的改革,但由于既得利益并未发生变化,使既有的管理和运营机制并未发生实质性改变,即使在竞技体育职业化后,计划经济体制下兼顾所有者和政府双重身份的体育行政机构仍然有强大的趋势和力量来影响职业体育治理机制的选择和判断。任何一个国家职业体育治理结构都无法与该国的社会、历史、文化背景相脱离。在我国,政府作为联赛的发起者具有现实选择,也具有政治理性。当前职业体育联赛处于初级探索阶段,许多政策、理念都有序、逐步推行,难以在短时间内"一蹴而就",形成成熟的管理机制与模式。在此历程中,组织治理结构重塑的核心问题是权力的重新界定和相应的利益调整,尤其是政府与职业俱乐部之间的利益博弈,决定着职业体育制度变迁的方向、速度、形式、广度、深度和时间路径。

一、确立"有条件的市场化"取向逻辑

"有条件的市场化"取向在足球运动项目的管理中,政府的作用"不是控制,而是协调,不是直接介入具体事物,而是加强政策引导与宏观调控,实现由

---

① 易剑东. 中国体育体制改革的逻辑基点与价值取向 [J]. 体育学刊, 2011 (1): 15-24.
② 吴洪革,马晓欣. 中国体育管理体制逻辑的杂糅与利益博弈的异化 [J]. 沈阳体育学院学报, 2014 (1): 13.
③ 郑芳. 基于要素分析的职业体育治理结构研究 [M]. 杭州: 浙江大学出版社, 2010: 192-193.

'划桨型'政府向'掌舵型'政府的角色转变①"。应"将政府体育管理部门的公共服务职能市场化，实现管理职能的社会化，向社会进行有序地权力让渡，逐步摆脱过去政府在体育管理中直接的、行政的、参与式管理"，而"适时地转向间接的、以经济手段为主的、法制式的管理"②。

二、明确政府职能边界

转变政府立场，重框体育行政部门职能边界，还市场主体地位，破解职业体育市场发展困局，构筑了我国职业体育管办分离改革的基本践行基点；而实践中，则需依赖政府主导的强制性制度优化和遵从市场逻辑的引导性补偿机制推进③。在欧美各国联赛的组织者是协会，但协会由各个俱乐部投票产生，因此各个俱乐部实际上也就是联赛的所有者。但我国的职业足球联赛与此不同，呈现一种"自上而下"的趋势，协会（而非俱乐部）是职业联赛的主要组织者和推广者。中国职业体育市场的演化次序是，先有消费市场，后有竞赛市场，先有俱乐部企业化，再有运动员等生产资源市场，最后才有联赛市场运营实体，这是中国职业足球市场生成的基本逻辑④。

三、发挥市场在资源配置的决定作用

改革开放以来，经济关系的市场化变化进一步推进了社会分工和功能意义上的社会利益结构分化。与市场经济条件下再分配的利益秩序不同，市场化经济关系要求利益主体通过建立契约基础上的商品交换来分配社会资源，其内在的自由竞争、公平交易等市场规则，为各利益主体提供了有效的利益实现机制，以及通过竞争、谈判、交易等方式进行利益的博弈。市场经济本质上要求社会利益的分配通过市场而不是政府来实施。可以说，"如果在传统社会主义体制下资源分配和利益关系是自上而下的'决定式'的关系，在市场体制下市场主体之间的交

---

① 刘东锋. 中国体育管理体制改革的路径选择 [J]. 上海体育学院学报，2005（2）：66.
② 贾志强. 新时期我国体育管理体制与运行机制研究 [J]. 北京体育大学学报，2007（9）：5-6.
③ 张兵. 走出政府中心逻辑：我国职业体育管办分离的理论与实践 [J]. 体育与科学，2016（2）：24-27.
④ 张兵，仇军. 经济社会学视域下中国职业体育市场生成逻辑及发展策略选择 [J]. 体育科学，2017（7）：12-13.

易关系是'互动式'的关系"①。从市场上来看,由于我国足球市场化程度较低,尽管球迷热情巨大,但供求关系不平衡,人们对足球比赛这种消费品的需求远不能得到满足,赛事缺口极其庞大。市场化改革能够明显为中超注入活力,促使俱乐部提高技战术水平,以满足球迷的需求。

要处理好足球改革中的利益博弈问题,关键要明确"足球资源配置中市场起决定性作用还是政府起决定性作用这个问题"。市场机制可以实现资源配置效率最优,但无法矫正由自身引起的不同利益群体利益失衡等社会非公正问题。在不同利益群体可以进行博弈的现代社会中,利益集团具有利益表达和利益制衡的政治功能,因而利益集团是具体的社会和政治机制之一。如果说政府必须代表全体公众利益是一个实证性问题的话,那么政府应该如何代表全体公众的利益就是一个规范性的问题了,这其中包含了不同利益群体的利益应该如何表达,以及不同利益群体之间应该如何实现利益均衡的问题②。

在中国长期的计划经济体制中,由于社会利益格局的简单化和一致性,政治决策和公共政策的形成是政府单一主体的行为。即便在我国制度转轨和社会转型的过程中,当社会利益已经分化,利益格局日趋复杂,公众已经明显区分为不同利益群体的背景下,政治决策和公共政策尚未将利益集团作为实现利益表达和利益均衡的社会和政治机制之一。中国足球职业化改革必定会带来新的利益重组与价值认知。要处理好足球改革中的利益博弈问题,关键要明确"足球资源配置中市场起决定性作用还是政府起决定性作用这个问题"。在我国现实政治中,国家与社会之间的利益传导,利益秩序构建机制是复杂的,某一政治体系可能是以上数种模型的混杂。市场逻辑构建缺乏中国特定的政治生态环境的分析。一般来说,制度的变革都是在矛盾激化的时期,解决矛盾冲突,即产生新的制度,再到新的矛盾的发生。我国职业足球治理的相关制度设计存在缺陷,利益主体矛盾突出,应明确产权关系实现职业足球联赛市场化。

---

① 李路路. 和谐社会:利益矛盾与冲突的协调 [J]. 探索与争鸣, 2005 (5): 1-6.
② 文力. 利益群体显性化:利益表达和均衡的有效机制——多元利益集团是和谐社会的"内生"变量之一 [J]. 福建论坛. 人文社会科学版, 2005 (9): 114-117.

第四节　明晰职业联赛产权归属主体

一、制订合理的产权收益分配比例

建立俱乐部形成的"联盟",可以开发全新的、更具市场化的商业模式,摆脱行政的干预,自主进行转播和赞助洽谈。这样的举措也能够使俱乐部投资人得到与自己的投资相匹配的收益,不受足协的干预。理论上中国职业足球联赛的产权是一种国有产权,但由于作为主要参与者的俱乐部的深度介入,职业联赛产权必然被分割给协会和俱乐部,职业联赛产权实际上成为一种共有产权。中国足球协会超级联赛商务方案中明确写明,中国足球协会是中超联赛资源的拥有者,中超联赛有限责任公司是中超联赛资源的管理者、经营者和服务者,各俱乐部只是中超联赛的参与者[①]。中国足协享有联赛所有权、监督权;职业联盟享有联赛的管理权、经营权和利益分配权。职业联盟将由中超、中甲 32 支俱乐部组成,已经获得了一定共识。

协调政府、足协与俱乐部的利益关系显然是职业足球治理的关键所在。产权博弈是指在经济过程中追求自身利益最大化的行为主体在解决与他人的利益矛盾时所表现出来的策略性行为。职业体育作为商业化、市场化的体育活动。产权关系清晰是职业体育赛事正常运作的基本条件。但我国职业体育联赛产权却存在归属不清、主体关系混乱、利益冲突频繁等现象。中国足球协会执委会在 2004 年所做决议中提出:"中国足球协会是竞赛所产生的所有权的最初拥有者",并不适用于中国足球超级联赛,因为中国足球协会只是联赛国有股权代表的委托代理人,而非产权人[②]。

[①] 郑芳. 基于要素分析的职业体育治理结构研究 [M]. 杭州:浙江大学出版社,2010:141.
[②] 梁伟. 基于资本权力错配与重置的中国足球超级联赛股权管办分离研究 [J]. 体育科学,2013(1):17.

二、明确联赛国有资产归属主体

从联赛国家所有权委托代理视角分析,政府和足协都是联赛国家所有权的代理人,被授权代表国家行使国有资产的经营与管理权力,其行为要受国家法律和人民群众的监督。在俱乐部层面,各个俱乐部作为与国家共同投资职业联赛的股东,依法享有对联赛的剩余索取权,与足协共同参与联赛的运营,参与联赛决策,实现利益共赢,但不能将联赛国有资产误认为是私有,或者让联赛国家所有权回归俱乐部共同所有,这些认识都是不合理的。中国足协联赛国家所有权是国家通过股份投资、股份国有化改造等一系列方式合法取得的[1]。这部分国有资产是足球职业联赛全民所有权在法律上的具体表现,是一种受法律保护任何人不可侵犯的全民公共财产[2]。联赛国家所有权是有立法依据和保护的,任何国家机关、社会组织、私人都不能与国家分享所有权,因此,任何主张联赛国家所有权属于政府的、足协的或俱乐部的观点都是不成立的。

---

[1] 剧锦文. 改革开放 40 年国有企业所有权改革探索及其成效 [J]. 改革, 2018 (6): 38 – 48.
[2] 鲍明晓. 体育市场——新的投资热点 [M]. 北京: 人民体育出版社, 2000: 208.

第六章 中国职业体育利益博弈协同治理的策略

第一节 明确各利益相关主体的职责

一、政府层面

(一) 积极转变职能

解决我国职业足球利益冲突的关键问题是要积极转变政府职能,发挥市场在足球资源配置中的决定性作用[1]。由于职业联赛内部治理结构不完善所致,难以形成有效的利益决策和监督机制。从制度体系建设滞后、联赛运营成本失控与利益相关者的利益关系不协调三个方面强调了中国足球利益博弈的问题。建议转变政府职能,推进联赛管办分离改革,发挥市场在联赛资源与利益配置中的基础作用,最终促进联赛利益分配的公平与效率[2]。基于利益相关者多元视角,政府和俱乐部作为职业联赛的主要投资者,中国足协作为政府与市场利益分配的中介,有责任协调好政府与市场不同利益主体的矛盾,但事实上足协成为了政府利益"单向代理人",导致了职业足球利益多元化要求与单一利益机制不协调的问题,利益博弈也成为影响我国足球改革的核心问题。

---

[1] 郑志强,张伟,翟丽丽.澳大利亚橄榄球国家组织运作模式的改革与启示[J].西安体育学院学报,2017(5):552-557.

[2] 程林林.体育利益理论的研究进展与前景[J].中国体育科技,2007(3):20-26.

（二）强化政府对足球改革的政治勇气与魄力

改革是一个破旧立新的过程，破旧即打破或废除不合理的体制、机制、法律、规章等；立新在破旧的基础上，建立一种适应社会发展、人类生活的新的社会治理体制的过程。我国足球改革持续20多年以来，一直难以取得实质性进展，原因在于政府面对改革的成本与阻力，习惯于"装聋作哑"，打"擦边球"，导致每次足球改革仅是对固有管理体制的"修修补补"。正如卢元镇教授曾说的一样，中国足球改革能否继续深化，进而取得成功，很大程度上取决于政府对改革的政治勇气与决心[①]。因此，政府必须坚定改革信念，强化改革意志与魄力，树立破釜沉舟、置之死地而后生的勇气，将足球改革进行到底。

（三）明确政府角色定位，切实转变政府职能

从政府职能转变视角来看，职业体育改革的核心是政府推行"政事分离"，把政府的管理职能与举办职能相分离，政府将直管办的职能转变为间接管理，将"办"的职能转交给协会，政府集中精力将监管职能发挥好。作为我国足球改革的"带头兵"，中央政府也要积极推行"政事分开"，切实转变职能，将足球"办"的权利下放到中国足协。但不同的是，我国足球管理领域的政社分开，并不意味着政府要完全放手对足协的管理，而是在放权的基础上，政府要厘清自身职能边界，把政府该管的，一定要管好，不该政府管的，要简政放权，将管理权力下放给足协，减少对足协的行政干预，让足协成为足球治理的真正主体。足协在内部机构设置、工作计划制订、人事管理、对外交流等方面依法享有自主治理权力。在与足协脱钩后，政府的角色发生了变化，政府不再是足球管理的主要决策者和经营者，而是成为足球改革方向的引领者与监督者。政府要积极转变职能，强化对足协的业务指导与监督管理职能。政府一方面可以通过政策整合为足球改革提供顶层设计和制度保障，采取政策、财政、税收等激励手段，调动社会各界对足球改革的支持。另一方面，政府要通过完善立法、媒体、公众监督机

---

① 马剑. 中国足球：从头开始从根改 [N]. 人民日报，2015-03-02 (8).

制，创造良好的足球发展环境，为足球改革保驾护航[①]。

二、足协层面

2015年2月27日，中央全面深化改革领导小组审议通过了《中国足球改革发展总体方案》（以下简称《总体方案》）。《总体方案》提出，"中国足球协会作为具有公益性和广泛代表性、专业性、权威性的全国足球运动领域的社团法人，按照政社分开、权责明确、依法自治的原则调整组建中国足球协会"[②]。中国足球协会在内部机构设置、工作计划制订、财务和薪酬管理、人事管理、国际专业交流等方面拥有自主权。《总体方案》提出，"要不断完善中国足球协会内部治理结构、权力运行程序和工作规则，建立决策权、执行权、监督权既相互制约又相互协调的机制"。2017年《中国足球协会调整方案》颁布实施后，国家体育总局足球运动管理中心正式撤销，真正从制度上实现"政社分开、权责分明"。足管中心的撤销标志着中国足协实现了由"事业单位法人"向"社团法人"的转变，彻底改变足球管理中心与中国足球协会"两块牌子，一个机构"的组织架构。增强内部领导权建设，强化行业服务意识，按照社团法人机制运行。实现足球管理中心由"事业单位"向"社团常设办事机构（协会秘书处）"转变，并强调会员代表大会是中国足协的最高决策机构，秘书处将作为执行机构具体执行和落实各项章程工作并接受内部和外部的监督与监管。中国足球协会内部法人治理要求其所有权与经营权分离，完善权力制衡等内部治理，强化协会的组织意愿、使命、行业规制等自身能力的建设。

如何加快协会实体化进程，消除运行阻碍，势必涉及利益分配和成本分摊问题。协会实体化的根本应充分尊重和公平对待各个利益主体应有权益，合理划分利益主体的权、责、利，明确人、财、物归属问题，公正赋予利益主体的相关权益。与体育总局脱钩改革完成后，中国足协不再作为中央预算单位，执行民间非营利组织会计制度，单独建账、独立核算。2015年中央财政厅颁布的《中国足球协会资产管理暂行办法》虽然对中国足协内部资产管理和财务管理进行了相关

---

① 郑志强，张伟，翟丽丽. 澳大利亚橄榄球国家组织运作模式的改革与启示[J]. 西安体育学院学报，2017（3）：73–75.

② 胡佳澎，郑芳. 制度选择视角下我国CBA联赛权力结构的演进[J]. 沈阳体育学院学报，2018（4）：45.

规定，但并没对中国足协财产所有权归属主体做出明确规定，产权不明晰影响了足协在资金使用、会员利益、组织目标、协会发展等重大问题上的运作。因此，国家应当主动加强立法，明确提出中国足协的产权关系和产权性质，将其进行属性划分，细化利益分配和资产核算，从而从法律角度规避产权纠纷，规范足协的法人治理结构。还有就是，明确中国足协的法人属性。确定法人属性既是确定产权制度的前提条件，也是研究法人治理结构的基础。根据中国足协《中国足球改革发展总体方案》与《中国足球协会调整改革方案》精神指示，中国足协与国家体育总局脱钩后，是具有公益性和广泛代表性、专业性、权威性的全国足球运动领域的社团法人。

三、职业俱乐部层面

（一）明晰俱乐部产权

职业足球俱乐部作为实体性经济组织，产权关系清晰是正常运作的基本条件。但在职业化早期，多数职业俱乐部由地方政府批准、出资组建，具体表现是地方政府出资成立职业俱乐部，地方体育局与企业联合经营，政府委托国有企业控股成立。在实际运营中，政府拥有俱乐部教练员与运动员的人事权、训练场地设施的所有权；而企业向俱乐部投资或购买冠名权，对俱乐部的经济来源有一定的制约权。俱乐部产权关系不明晰，导致利益关系出现推诿、牵制与对抗的现象，影响了俱乐部正常运转。足球俱乐部股份改造产权不清晰问题较为突出。但随着企业及社会资金注入俱乐部，这种合作方式正面临着日益突出的产权关系的矛盾。在体委与企业联办的俱乐部中，这种现象尤为突出[①]。因此，各地区、各省市职业俱乐部应加快自身产权制度建设，明晰俱乐部产权归属主体，保护股东利益，寻求稳定的投资商和赞助商，构建以股东利益至上的现代企业产权制度。

---

① 梁益军. 我国职业足球俱乐部股份制改革存在问题分析［J］. 体育与科学，2010（1）：12 – 13.

（二）规范俱乐部财务支出，实现收支平衡

现阶段，中超联赛还处在一个投入大于产出的经营状况。随着投入的增加，俱乐部的收入也相应提升，但不排除部分投资人通过赞助、广告等方式为俱乐部补贴资金。"高价引援"使各俱乐部亏损严重。2016赛季中超各大俱乐部在内外援的引进方面频频惊现震惊世界的大手笔，中超联赛的市场价值无疑将大幅超出此前的预期。要把中超联赛所蕴藏的巨大市场价值挖掘出来，对国内整个足球产业形成实质性利好，整个足球产业链的正循环效应将逐步开启。各个职业俱乐部要有效防止球员身价虚高、无序竞争等问题。研究引进高水平外援名额限制等相关政策及决策机制，处理好外援引进与本土球员培养的关系。加强俱乐部劳动合同管理，严厉查处"阴阳合同"等违法行为，及时纠正欠薪行为。调整俱乐部运动员转会手续费政策，减轻俱乐部负担。

第二节 完善和创新职业体育利益管理机制

一、构建多元化的利益分配机制

足球改革利益博弈产生的隐性利益的相关者主要是体育经济利益链中的投资方、职业俱乐部、供应商群体、球迷群体、相关的体育协会等。球迷群体隐性利益对职业俱乐部（体育利益集团的组成部分）的选择意义是不言而喻的，体育用品供应商和相关体育协会等的隐性利益也是构成选择标准的一个重要内容。随着我国足球市场体系的建立与完善，多元化的利益主体格局已经形成，各利益主体的多元化利益要求与单一性的利益治理机制不协调的特征，导致职业联赛利益冲突与博弈现象严重，无法满足多元利益主体的需求，利益主体关系复杂化，联赛内部治理结构不完善，产权归属模糊等。中国足球改革的实质是一个利益重新分配与构建的过程，改革必定会带来新的利益重组与价值认知。职业体育利益机制改革中实现利益兼容的途径在于，政府大力推进和谐管理体制建设，迅速改变体育及足球行业改革滞后现状，权利资源的平等分配是实现利益均衡的重要前提

和尊重利益群体的公共选择。在确定各利益主体以及主体利益需求的基础上，中国职业足球联赛利益主体，特别是政府和市场层面的利益主体关系结构协调是足球改革发展的基本方向。虽然"解决利益冲突的方式在于协调利益主体的相互关系"已经形成了研究共识，但是利益相关者理论只是做到了对利益主体的基本分类和识别，对于利益主体关系协调的命题探究却并不足够[1]。在职业体育联赛利益机制构建中，以政府为主导的单一性的利益机制已难以适应多元化利益主体的需求，需要将单一的行政主导型利益配置机制转变成由政府、市场、社会多元主体构成的利益配置机制。张琴（2012）职业俱乐部的核心利益关系到股东、董事会、管理人员、教练员、运动员等，完善这些利益相关者的利益界定，利益表达机制，利益分配机制，强化利益引导约束机制，寻求职业体育俱乐部核心利益相关者的利益冲突协调机制[2]。

政府作为国家足球改革的代理人，不得不整合各种利益需求，合理配置足球资源，构建公平与高效的利益机制，实现我国职业足球利益的最大化。政府主导的职业足球制度变迁要与社会的变迁相互协调；渐进改革与强制变迁要正确对待；改革中的制度非中性不可忽视，要进行规制引导，利益主体关系的变异性应进行及时地研判与调适[3]。中国足协下属的中超公司成立，足球管理系统实现了政企分开。中国足协以监管机构身份出现，继续行使政府监督管理职能，而俱乐部则全部拨予中超公司。然而，中国足协与中超公司并没有摆脱利益关系，两者甚至存在垄断利益的可能。在确定各利益主体以及主体利益需求的基础上，中国职业足球联赛利益主体，特别是政府和市场层面的利益主体关系结构协调是足球改革发展的基本方向。

二、协调各方利益，构建职业足球利益共享机制

从内部错综复杂的关系来看，政府的利益诉求是政绩，政府的政绩要依靠俱乐部的发展，而俱乐部发展又要依靠政府的政策支持，两者之间相辅相成。而两者之间以及各俱乐部之间缺乏统一的行业规范，导致在追求利益的过程中不断产

---

[1] 梁伟. 中国职业体育联赛利益机制构建及实现策略研究——以中国职业足球联赛为中心［M］. 北京：北京体育大学出版社，2016：10.
[2] 张琴. 我国体育利益冲突分析［J］. 体育文化导刊，2012（9）：9-12.
[3] 龚波. 制度变迁：中国足球职业化改革的动因、进程与反思.［J］体育学刊，2012（1）：25.

生冲突和矛盾，最终使职业体育整体运行方面循环不畅，生产产品质量下降，影响了消费群体的需求，引起观众和媒体关注度降低、赞助商收益降低等一系列连锁反应[1]。各参与利益群体对最大利益的过度追求与政府管理体制机制改革滞后之间的矛盾冲突频发，形成了改革的利益博弈[2]。政府的利益目标包括国家队成绩、职业足球环境、社会足球发展、足球公共服务等。我国职业足球联赛的主要矛盾是联赛各利益主体之间的利益矛盾，因此重新调整利益关系重构利益机制具有迫切性。职业联赛要从完善利益界定与表达机制，完善利益分配机制，强化利益引导约束机制的角度寻求职业俱乐部核心利益相关者的利益冲突协调机制[3]。

根据治理理论，要引进多元主体，协调发展。所以要加强培育球迷协会、球员协会、裁判协会，作为足协也要自觉地退出一些管理领域；同时整个利益结构的协调手段也不仅仅局限行政、法律、经济等，还可以积极地利用协会的一些自律制度，社会上的一些道德规范加以调节。只有多元主体都充分发挥应有的力量，各"元"充分施展所长，表达自己的主张，这才是利益结构的有机化。作为一个利益系统，必须要与外界的利益主体发生联系，积极引进外界利益力量，以平衡内部利益力量或者加快内部利益结构的变化和布局。

在职业体育发展比较成熟的国家，其协调机制主要体现在市场协调、法律协调和组织协调3个方面[4]。完善的职业体育利益治理体系包括各个利益主体的合作、利益和权力的分配、监督机制等[5]。多元利益主体可以共同互动与合作，使体育治理主体的空间与责任同时存在，责任是善治的一个基础需求[6]。从"政策传导"视角，提出细化与完善政策目标体系；强化政策工具搭配和选择；优化政府管理体制与利益博弈机制，并提出保证职业体育独立性、市场主体地位等改革措施和策略。利益博弈过程和理性决策，为与政府间交流与合作提出相关建议，为实现政府间激励机制提供依据。职业联赛治理主体经营目标的差异，会引发联赛利益导向一致性问题。官方治理的目标是联赛服务于国内外大型赛事，而俱乐

---

[1] 张保华. 职业体育服务业研究 [M]. 北京：经济科学出版社，2009：67.
[2] 荣霁，崔鲁祥. 新时代背景下我国职业体育的协同治理研究 [J]. 沈阳体育学院学报，2018 (5)：69.
[3] 陈存志. 职业体育俱乐部核心利益相关者的利益冲突与协调 [J]. 浙江体育科学，2010 (4)：1-5.
[4] 许彩明. 职业体育利益相关者价值链理论及应用 [J]. 北京：中国矿业大学出版社，2015：29-35.
[5] 杨桦. 深化体育改革推进体育治理体系和治理能力现代化机制 [J]. 北京体育大学学报，2015 (1)：5.
[6] 范叶飞. 作为善治的体育治理探析 [J]. 河北体育学院学报，2015 (4)：3.

部的治理目标是利益最大化,治理目标的差异或治理主体的错位导致了一种既非横向一体化也非纵向分层的治理结构,进而形成了一种本质上是官方(足协、篮协)主导的治理模式,而此时投资方(俱乐部)转向追求联赛的外部利益[①]。因此,我国职业足球改革从始自终都应遵循国家"顶层设计"的政治逻辑路线,在国家政治逻辑的推动下,形成由"政府、足协、俱乐部、社会"多元利益主体共同参与的改革模式。

三、完善利益博弈机制的制度设计

(一)完善利益制度机制

利益机制是协调利益、解决冲突、保证利益系统健康有序地运转一些措施、手段的总称。它具体包括足协的各种条例规章,各俱乐部的内部规程,各球迷协会、裁判组织和他们的联盟的一些规程,以及各利益主体之间达成的"妥协",还有过去的一些"案例",应对危机的一些操作方案等,最后还需要各方及时将信息公布,保证各组织团体的透明度。这些机制都是必要的,既是保证利益系统顺利运转的必要条件,也是使整个利益系统处于社会有效监督的保证。

1. 完善控制机制

控制机制是基于各利益主体与其成员之间的委托代理关系而产生的,控制机制的根本作用在于衡量和纠正成员之间的利益活动,保证联赛利益活动业务在计划和可控方向发展。中超赛场上出现了俱乐部对球员打假球无可奈何的情景,其实这也预示着俱乐部内部控制机制、球员团体的控制机制存在着漏洞,才会使球员敢铤而走险,造成局面的失控。

2. 构建监督机制

监督机制的作用主要在于威慑力,而威慑力的作用又取决于监督的及时和有

---

① 董红刚. 职业体育联赛治理模式:域外经验和中国思路 [J]. 上海体育学院学报,2015 (6): 1 – 10.

效。利益主体和系统及时恰当地披露内部信息，是监督作用的首要条件，尤其对于社会监督更加重要。中超风波后，各投资方表现出了极大的诚意，众多媒体也发挥了积极的作用，披露了相当多的信息，这也保证了社会各界的关注程度和思考材料的来源。

3. 完善激励机制

激励机制主要存在于利益主体和成员之间、利益主体及利益系统与外界利益力量之间。它包括"奖励"和"惩罚"两方面的内容。如何增大球员和各利益主体之间"不正当行为"的成本，以及对正当行为的报酬，是这一机制的主要作用。只有建立一系列政府间公共品的产权及交易制度，才能使激励机制发挥其应有的效果。激励和利益补偿机制是政府间合作共识的达成和顺利执行的重要保障。由于俱乐部产权结构单一，联赛国有股东"一股独大"，内部法人治理结构不完善，导致俱乐部激励不足，无法形成长效的监督机制。中超公司直接对中超联赛各大股东负责，实际工作就是，负责给足协和各大俱乐部赚钱，在扣除每年的运营费用之后，剩余的钱交给股东分红。在现行的利益分配机制中，作为联赛的主要投资人，职业俱乐部受益权无法得到保障，也无法体现俱乐部在联赛投资主体的地位。俱乐部的利益诉求是，想要通过市场资本力量，发挥俱乐部主体作用，建立俱乐部自己组成的职业联盟，让俱乐部自己管理自己，开发和经营自己的联赛。中国足协的目的是要维护以国家资本为主导的职业联赛。职业联盟构建要有效发挥俱乐部的主体作用，俱乐部自己管理自己，来开发和经营自己的联赛。

（二）完善利益博弈规则

在经济转轨时期，制度变迁则主要依赖于以政府供给为主导的方式来实现，这样，政府在职业联盟制度设计、改革政策等利益分配机制中仍然占据优势地位。新旧体制之间所形成的制度空隙使足协具有很大的自由裁量权，因此，在足协与俱乐部的博弈关系中，足协依然处于强势的博弈主体地位。足协确定免费分配给各俱乐部的初始利益配额。当前，我国政府与俱乐部的博弈环境，既非完全的计划经济环境，也非自由的市场经济环境，俱乐部与足协的博弈也有两种方式。

1. "阳光博弈"

一方面,足协的博弈策略主要是通过公共政策的制定来引导俱乐部经营行为。作为博弈双方,足协与俱乐部代表着政策的制定者与政策的被实施者。在双方的博弈中,足协为达到使整个职业体育公共利益最大化的目标,制定出相应的影响俱乐部发展的宏观与微观经济政策,如财政与产业政策等。另一方面,俱乐部的博弈策略则是通过社会效益的提高来影响足协。

2. "暗箱博弈"

目前,"很多俱乐部选择了'黑色轨道'。它们利用自身优势,通过寻租的方式,影响足协的决策,为自身的发展服务"。

四、创新职业联赛管理体制与机制

"创新是引领足球发展的第一动力。"党的十八大以来,习近平提出创新驱动战略,要让科技创新成为经济发展的主要驱动力。科技创新活动主要依靠科技人员的科技劳动,其价值增加中劳动要素的贡献最大,在价值分配上劳动要素能获得更大份额。创新发展注重的是解决足球发展的动力问题。通过增强职业足球的创新发展能力,依靠管理、训练、竞赛等创新转换发展动力,适应和引领足球产业发展新常态。协调发展注重的是解决足球发展不平衡的问题。唯物辩证法认为,"事物的发展时刻充满着新问题与新情况,而发展是解决问题的基础和关键"。新时代下,中国足球发展要继续弘扬改革创新精神,推动思想再解放、再深入、再抓实,凝聚起全面深化改革的强大力量,在新起点上实现突破"职业联盟建设"内生的体制与机制障碍,构建符合本土职业联赛发展的职业联盟,保证职业联赛竞争力平衡,促进职业联赛持续健康发展。加快推进足球治理体系和治理能力现代化,形成有利于落实足球新发展理念的体制机制。通过对管理机构重新设计、完善管理机制,强化中国足协内部专项委员会制度,理顺体育行政部门、足协、俱乐部的关系,构建符合当代足球发展规律的体制机制和足球管理模式。结合我国职业体育联赛治理的现实状况与实际需求,选择适合于中国职业体育发展的职业联盟治理机制。

（一）切实发挥职业联赛理事会的管理职能

根据治理理论观点，组织治理结构主要是通过董事会的决策机制、监督机制、激励机制、约束机制和自我调控机制等来规定或规范不同角色的权利与责任[①②]。在以往中国足协"两块牌子，一套人马"的治理架构下，足协既负责职业联赛"管"的职责，又负责职业联赛"办"的业务，足协内部的监管和办赛职能混为一体，存在着"政企不分"的管理乱象。随着足球管理运动中心的撤离，足协内部"两块牌子，一套人马"的组织治理架构被打破，需要对中国足协内部治理架构进行重新构建。从优化足协内部治理结构角度来讲，中国足协"管办分离"改革的基本策略是足协内部推行"政企分离"，将职业联赛的经营职能从足协中分离出去，交给职业联赛理事会专门负责，足协集中精力负责足球大众普及发展、赛事监管、职业技能认定等工作。职业联赛理事会负责联赛经营管理与决策权，同时对部门经理进行任命与监督。

在原有的组织架构中设置一个职业联赛理事会，形成一个政府、足协、俱乐部、社会等多元主体的治理结构。但从我国足球职业联赛理事会运行现状来看，足球联赛理事会存在着性质不明确、角色定位不清晰、结构不合理、决策职能难以发挥等诸多问题[③④]。推行足协内部治理结构的政企分离，构建以理事会为主的足球联赛治理体制，应从以下4个方面进行：①明确联赛理事会的性质，中国足协要根据法律授权成立职业联赛理事会，理事会是依据中国足协章程设立的、相对独立的、负责专门管理足球职业联赛的机构。②中国足协与理事会的关系属于代理关系，理事会在人、财、物方面与足协分离，理事会可以根据中国足协授权，对足协执委会具有管理职能。③联赛理事会成立后，足协将联赛办的权利委托给理事会。足协主要负责行业竞赛监管、足球章程制定、专业技术认定、俱乐部注册许可、劳动就业与经济处罚等业务。理事会根据《公司法》规定，履行对中超职业联赛的管理决策与管理监督职能。④理事会依据中国足协授权，对中

---

① 王欣新，王斐民．中超风波：产权与体制的博弈[J]．法人，2005（1）：72-75．
② 王名．社会组织与社会治理[M]．北京：社会科学文献出版社，2014：250-268．
③ 唐克敏．关于国有企业改革的一系列问题思考[J]．经济问题，2014（1）：25-30．
④ 郑志强．西方体育组织治理理论研究述评——基于董事会战略决策功能构建视角[J]．体育科学，2016（4）77-83．

超公司进行业务指导。中超公司依据《公司法》实现联赛的商务运营和财务管理，中超公司与理事会的关系是委托代理关系。

2006年，我国职业足球联赛以现代企业股份有限公司上市，联赛开始脱离某个具体的所有者而独立存在，成为与出资者相分离的"法人"。但被赋予法人资格的同时，中超公司产生了一系列相关问题：如联赛股东的利益如何保护？如何对中超公司进行监督？中超公司的管理层谁来负责监督？中超联赛所有权与控制权的分离，使联赛出资者（股东）与经营者（经理层）之间产生了"代理问题"。为了规避代理危机，确保联赛资本安全和最大的投资回报，联赛控股者和所有者会引入董事会治理机制，实现对经营者的激励和监督。

中超公司的成立虽一定程度上促进了我国足球职业联赛的管办分离，但中国足协以36%的国有股份入股中超公司。中国足协作为国有资产的首要代理人，以最大股东的身份参与职业联赛的运营与管理，并没有改变我国足球职业联赛是由国家体育总局以及具有政府性质的足球协会负责组织、管理和经营，由职业足球俱乐部参与的一种行政垄断性质的职业体育赛事[1]。我国职业足球联赛所有权与经营权的分离产生了委托代理问题，职业联赛股东与经营者之间的利益摩擦会使投资人的利益受损。为了降低代理成本，股东需要对经营者的管理行为进行有效监督，为了实现监督的目的，职业联赛各大股东会构建一个合理的理事会，让理事会代理股东行使监督权力，成为连接联赛股东与联赛经营者的中枢[2]。因此，我国足球职业联赛理事会的最基本职能就是代表股东监督联赛管理层。另外，战略决策职能是理事会对职业联赛的发展进行战略性指导，并积极主动地参与战略决策的制定与实施。除了监督联赛管理层外，理事会的大部分时间旨在向经理管理层提出战略决策的相关建议，并且要认真考虑经理层人员的更换，推动我国足球职业联赛改革的有效实施。

（二）构建适应本土职业联赛发展的职业联盟

目前，我国职业体育联盟组织形态的构成违背了公司治理结构的基本原则，

---

[1] 张兵. 我国职业体育管办分离的逻辑起源与实践之道——基于政府行为外部性的展开[J]. 西安体育学院学报, 2015, 32 (5): 513 – 520.

[2] 刘昉, 史国生. 以博弈论审视中国职业足球联赛的制度变迁——基于英超联赛与中超联赛升降级制度的对比[J]. 体育成人教育学刊, 2013, 29 (3): 19 – 20.

◎ 职业体育利益博弈的协同治理机制研究

　　为此，需重塑联盟的组织形态及治理结构。我国职业体育联盟虽然从表面上看已经完成了公司制改造，但实际上缺乏公司制的实质、内涵和功能。联盟是利益追逐游戏的产物，是复杂市场竞争格局下衍生出的合作竞争组织样式，利益共同体是其基本特质。然而我国的职业联赛，无论是中国足球联赛，还是篮球联赛、排球联赛，都没有给予形成利益共同体的空间与机会。联赛层面的产权不清、管办不分等由于体育行政改革滞后诱发的体制性障碍阻断了利益共同体形成的可能，联赛更多表现为消减奥运争光负担、顺应市场化改革的政府举措，而实体化的俱乐部可能仅充当"陪玩族"的角色。作为后发的中国职业体育，国外成熟的发展模式为我们快速地实现职业化提供了发展的理念和路径借鉴。但简单的复制和模仿只会带来短期效果和代价成本。任何一个国家职业体育治理结构都无法与该国的社会、历史、文化背景相脱离。在我国，政府作为联赛的发起者具有现实选择，也具有政治理性。在组织治理结构重塑过程中，核心的问题是权力的重新界定和相应的利益调整，尤其是政府与职业俱乐部之间的利益博弈（政府通过社会资本融资以促进竞技体育的目标函数与职业俱乐部倾向于利益最大化目标函数的博弈），决定着职业体育制度变迁的方向、速度、形式、广度、深度和时间路径[①]。

　　当前，中国职业体育联盟构建非常迫切，各方资本和权利围绕联赛资源进行合谋利益，如果处理不当，会造成联赛职业化改革的制度僵化。事实上，对于市场而言，自由竞争无疑是市场机制实现资源有效配置的核心动力，因为自由竞争往往将利润导向价值，直接影响产业组织，特别是末端产业的弱小企业组织的生存。当前，我国职业体育联盟构建的环境，既非完全的计划经济环境，也非自由的市场经济环境，而是独特的"制度双轨"环境。政府一方面通过调节市场方式如税收政策来引导职业体育，另一方面政府与职能部门又利用行政手段来直接干预职业体育联盟的构建，因此俱乐部在双轨上与政府进行博弈。在现代西方企业管理理论中，利益相关者已被视为企业的构成要素，纳入广义的企业管理范畴。在我国，也出现了这样的现象，即企业在利益博弈的过程中，越来越注意到与其利益相关者，尤其是"重要的利益相关者"建立良好的联盟关系，以增加企业的利益博弈能力与利益博弈空间。在我国政府与俱乐部的博弈中，博弈手段正由原来的"单打独斗"向"联盟较量"转变。

---

① 郑芳. 基于要素分析的职业体育治理结构研究 [M]. 杭州：浙江大学出版社，2010：192 – 193.

（1）俱乐部相互之间组成"技术联盟"，力争在企业圈内获取博弈竞争优势。博弈论证明了在不合作的情况下，个人效用最大化的行动可能对于个人与合作者都是最差的结果，因此，合作就成为竞争条件下理性选择的必然结果。俱乐部老板开始寻找更好的竞争模式，与竞争对手结成"技术联盟"成为一种降低风险和成本、提高俱乐部竞争能力的有效手段。在俱乐部结成"技术联盟"的博弈状态下，政府的职责更多地表现为引导者、服务者与仲裁者的角色。

（2）俱乐部与学者或研究机构结成"产学联盟"，以影响职业体育政策制定与执行。利用"公共理性"参与博弈所表现出来的博弈手段的隐匿性与高明性。在博弈中，俱乐部通过与资深专家、学者或学术研究机构结成"利益联盟"，以"科学知识"或"专家建言"的方式发布有利于自己博弈策略的研究结果与信息。这一手段可以达到两个效果：一方面，借助于"专家建言"能达到影响职业体育政策改革的制定与实施。另一方面，凭借"科学知识"形成相应的公共信息来引导公众心理。这一博弈手段在我国有些产业中是非常典型的[1]。

（3）积极调整联赛劳资利益关系。在西方职业体育治理体系中，劳资利益关系是市场经济条件下职业体育格局中的基础关系。足球职业化改革以来，联赛利益分配出现了失衡。一方面的原因是，早期改革的根本目的是释放体育市场的资本活力，实现职业联赛的市场经济价值，政府对于职业足球联赛发展给予较多的政策优惠。另一方面的原因是，长期以来，我国职业体育发展动力来自传统举国体制内"人力资本"和"资源"的转移，这种发展方式更多依赖于政府职能转变和政策顶层推动，职业体育外部市场体制发展并不充分，联赛利益机制主要以政府控制为主，市场各利益主体地位不平衡，利益诉求意识缺失，使联赛利益机制更是残缺。

---

[1] 刘祖云. 政府与企业：利益博弈与道德博弈 [J]. 政治学研究，2005（5）：121.

第七章 研究结论和建议

第一节 研究结论

一、制度是职业体育利益博弈的核心要素

举国体制视野下中国职业体育管理体制以国家任务和国家利益为最高目标，以充分发挥政府的主导作用为核心，这种管理体制的关键，就在于找到发挥政府主导作用的方式，并通过这种方式来整合社会和市场力量，为中国职业体育在更高层次上的发展提供合理、有效的制度保障，其核心是发挥举国体制的长处，吸收市场体制的优势和活力，形成政府主导、社会自治、市场自主三者之间的协调运行和有机融合。举国体制的制度优势在于：政府在规划、引导、组织、监督以及制定职业体育发展政策方面发挥主导作用；并根据社会、经济发展状况动态调整和划分管和办的范围与比例，在确保国家任务和大众利益实现的同时，实现国家、集体、个人利益的最大化。在我国职业体育市场化改革实践中，由于体育资源的稀缺性、体育需求的多样性以及体育利益分配的倾向性，导致了各种性质的体育利益矛盾，受长期"路径依赖"与"制度缺陷"的影响，中国足球改革中各利益主体内在的利益矛盾与冲突不断累积。

二、利益分配机制单一是导致利益博弈的直接原因

原有举国体制背景下由政府主导配置资源的利益分配机制难以满足利益多元主体的利益需求。在计划经济体制下，体育利益主体单一，体育治理结构是一种

依附行政权力架构的纵向单一治理，政府是体育资源与利益分配的主要决策者。随着我国职业足球市场体系的建立与完善，多元化的利益主体格局已经形成，各利益主体的多元化利益要求与单一性的利益治理机制不协调的特征，导致职业联赛利益冲突与博弈现象严重。

三、产权不清晰是导致职业体育利益博弈的主要矛盾

产权关系清晰是职业体育正常运作的基本条件。有效的经济组织是经济增长的关键，一个有效的经济组织是西方职业体育全球化兴起的关键所在。没有产权明晰、自负盈亏的市场主体，体育产业组织内部的激励机制和资源配置的效率不可能从根本上解决。中国职业体育内部固有的产权结构性矛盾、所有权归属模糊以及多元利益主体与单一利益分配的机制矛盾，易在政府、中国足协与俱乐部之间引发权属争议，产生诸多社会问题。如何协同职业体育各利益主体利益关系，成为当前体育职业化改革亟待解决的问题。

四、改革逻辑取向不明确导致利益博弈长期存在

中国足球选择职业化的道路是正确的，实施时机是及时的，即"我们已经抓住了机遇，使中国足球体制和世界足球体制接轨"[1]。足球职业化改革，应走完全市场化的道路，这是当时体育界普遍存在的观点。他们认为"足球管理机构同时具有体育行政部门和社会团体的双重组织特征，这种矛盾使足球管理系统的发展取向难以预见，因而管理过程本身具有较为明显短期性，缺乏长期性规划和战略运筹的导向"[2]。应"将政府体育管理部门的公共服务职能市场化，实现管理职能的社会化，向社会进行有序地权力让渡，逐步摆脱过去政府在体育管理中直接的、行政的参与式管理"，而"适时地转向间接的、以经济手段为主的、法制式的管理"[3]。

但完全的职业化改革逻辑取向并不适合中国体育发展的现实情境。因为，中国职业体育改革目标具有多元化和复杂化特征，既有挖掘市场价值的经济目标，

---

[1] 汪大昭. 中国足球职业化没错 成绩论害苦国足[N]. 人民日报，2010-6-18 (9).
[2] 唐峰. 中国足球管理体制改革的理论研究[D]. 北京：北京体育大学，2005.
[3] 贾志强. 新时期我国体育管理体制与运行机制研究[J]. 北京体育大学学报，2007 (9)：8-11.

也有提升足球竞技水平的政治目标，还有普及和发展足球的社会目标。多元化的改革目标中，包括政府职能转变、协会实体化改革、俱乐部股份制改革、国家队建设、足球职业市场建设、足球职业化改革外部环境建设。职业体育市场化改革涉及内容方方面面，各项工作都需要统筹协调推进，因此，明确职业体育市场化改革逻辑取向是重要的命题。

五、职业联盟是实现利益博弈协同治理的重要机制

利益博弈是解决职业体育组织利益冲突的有效方法，利益博弈的最终结果是使各类职业体育组织相互达成合作协议，为了职业联赛整体利益组成利益共同体。我们不妨设想采用博弈论方法研究职业组织联盟的成员会怎样，甚至职业体育组织合法性机制，将职业体育组织演化过程视为自然选择机制和适应性博弈共同作用的结果，而将功能性解释理论的某些内容融入自然选择机制中，那么，或许能够做出些有意义的研究工作。一旦我们主观上从情境层面赋予职业体育组织共同体塑造的某种意义，随后的行动以及这一行动的某些结果将受所赋予意义的影响。在现实的组织博弈中，各类职业体育组织如何看待其所处的情境，如何判定对方怎么看待所处的情境，达到"知己知彼百战不殆"的效果，如何判定自己与其他博弈对象的关系，都与职业联盟整个内外部环境所塑造的情境有关。

把职业体育组织改革置于一定的情境当中，包括职业体育组织所处的政治、文化、社会、经济、历史的环境以及组织内部环境。强调的是组织个体与共同体之间的相互作用，包括联盟与组织个体成员所具有的共同目标、实践活动与价值观。因此，本研究把情境定义、组织认同与组织博弈路径联系起来尝试分析，通过实地调研，通过与职业体育领域的俱乐部、协会、公司进行访谈与实质性研究，能够探索出与管理现象更为准确的情境因素，再采用合理的方法对情境进行归纳，得出职业体育领域更有实践和理论价值的情境分类。

第二节　建议

一、发挥制度优势，提升治理效能

进一步转变政府职能，政府要持续推进职业体育改革政策的顶层设计，改革、完善和创新"举国体制"，发挥举国体制在职业体育改革中的制度优势，将制度优势转化为治理效能，提升职业体育利益博弈的治理效能。足协要通过公共政策的制定来引导俱乐部经营行为。在双方的博弈中，足协为达到使整个职业体育公共利益最大化的目标，制定出相应的影响俱乐部发展的宏观与微观经济政策，如财政与产业政策等。足球作为一个产业，其实也是一个利益的聚合体。各种利益主体围绕着"足球"来获取自己的利益，各种利益主体组合成了一个链条状的利益结构。在职业足球利益博弈治理中，寻找利益重合空间，是激励制度设计的基本出发点。激励的关键是要使政府、足协和俱乐部之间能够同时从博弈中获益，这就要求两者的利益空间能够在一定程度上重合。

二、明确有条件的市场化改革逻辑取向

中国职业体育改革是以职业化为起点的，改革的目的是以实现物质利益为基础的，这是职业足球改革的逻辑起点。但从职业体育发展的外部环境来看，完全的市场化改革逻辑并不适应本土情境，应确立有条件的市场化改革取向，确立市场在资源和利益配置中的决定性作用，更好地发挥政府的调控和监管职能，将市场经济和政府作用有效结合起来，确保职业体育更好、更快、更稳地发展。

三、构建本土化的职业体育联盟，实现职业联赛利益兼容模式

职业联盟构建是职业体育组织治理结构的重塑过程，核心的问题是权力的重新界定和相应的利益调整。在职业联盟构建过程中，要根据中国职业足球的实际发展情况，借鉴西方职业体育联盟的成功经验，构建适合中国本土职业联赛运营

的职业联盟管理体制。西方职业体育联盟受劳资双方利益博弈的影响，形成了典型的"分利联盟"，是为了俱乐部股东总体利益份额而采取的集体行动。但也要警惕"分利联盟"的存在将带来三大负面影响：分利联盟会降低社会效率和总收入；分利联盟将使政治分歧加剧；分利联盟会造成"制度僵化"，因为某利益群体如果能从某项制度中持续获利，就会激励维持制度的原状，抵制制度的改革。

中国职业体育联盟构建应充分考虑到"多元化利益主体"的现实情况，应形成以职业俱乐部、足协、政府、社会公众（球迷、媒体、赞助商）共同治理的职业联盟，依靠政府顶层设计推动、足协制定行业标准、俱乐部利益为主、社会力量积极参与的"利益共同体"。职业联赛利益机制改革的实质是一个利益重新分配与构建的过程，在确保联赛资产不流失的前提下，盘活联赛国有资本的经营方式，通过股份转让、委托等适应市场交易的原则，在市场中获得更大的利润，在此基础上，制定一个合理的联赛国家所有权剩余索取权的分配比例是解决联赛利益纠纷的关键。实现利益共赢模式的途径在于，继续优化职业联赛管理体制机制，促进联赛权利资源的平等分配，尊重俱乐部、赞助商、球迷等利益群体的利益选择，将单一的行政主导型利益配置机制转变成由政府、市场、社会多元主体构成的利益配置机制。在联赛利益的具体分配上，要整合各种利益主体的利益需求，合理配置足球资源，协调好政府、俱乐部、赞助商、球迷等各利益主体的利益关系，实现联赛利益共享与共赢机制。

附录

职业体育利益博弈协同治理机制调研问卷

1. 您觉得，中国职业体育利益博弈的主要表现在哪些地方？
2. 您觉得，中国职业体育利益博弈的深层次因素是什么？
3. 您觉得，中国职业体育利益博弈的特征有哪些？
4. 您认为，应该采取什么策略来解决中国职业体育利益博弈问题？
5. 您觉得，为有效解决职业体育利益博弈问题，国家应该从哪些方面进行改革？
6. 您觉得，欧美职业体育利益管理机制、利益博弈表现、特征有哪些？
7. 您觉得，中国职业体育与欧美职业体育利益博弈的共性和差异有哪些？
8. 欧美职业体育利益博弈治理机制有什么值得中国可以借鉴和参考的地方？

参考文献

[1] 张亚丽. 利益秩序重构的政治逻辑 [M]. 北京：中国社会科学出版社，2014：25-26.

[2] 于小千. 管办分离：公共服务管理体制改革研究 [M]. 北京：北京理工大学出版社，2011：5.

[3] 孙立平. 中国进入利益博弈时代 [J]. 经济研究参考，2005（6）：8.

[4] 江必新. 把新时代社会治理提升到更高水平 [N]. 人民日报，2018-08-05（5）.

[5] 习近平. 决胜全面建成小康社会夺取新时代中国特色社会主义伟大胜利——在中国共产党第十九次全国代表大会上的报告 [M]. 北京：人民出版社，2017.

[6] 郎帅. 新中国成立70年来中国共产党的国家利益观演进 [J]. 中国石油大学学报：社会科学版，2019（4）：35-39.

[7] 唐皇凤. 社会主要矛盾转化与新时代我国国家治理现代化的战略选择 [J]. 新疆师范大学学报：哲学社会科学版，2018（4）：88.

[8] 百度百科. 利益的博弈 [EB/OL]. http://baike.baidu.com.

[9] 黄莉. 国家体育利益拓展与发展趋势研究 [J]. 武汉体育学院学报，2016（6）：6.

[10] 张月，陆丹. 组织的全新界说与释义 [J]. 中州大学学报，2008，25（1）：52-54.

[11] 张文健. 对职业体育联盟组织模式的研究 [J]. 上海体育学院学报，2006，30（1）：56-58.

[12] 杨年松. 职业竞技体育经济分析与制度安排 [M]. 北京：经济管理出版社，2006.

[13] 黄毅，李建立. 社会转型期我国竞技体育利益整合与举国体制 [J]. 体育学刊，2006（3）：5-6.

[14] 曹正汉. 国家与市场关系的政治逻辑——当代中国国家与市场关系的演变

(1949—2008)[M].北京:中国社会科学出版社,2014:1-10.

[15] 吕树庭.从中日竞技体育的兴衰看体育与政治、经济的关系[J].体育科学,1990(3):3.

[16] 梁晓龙,鲍明晓,张林.举国体制与我国竞技体育发展战略及现状[J].体育科研,2006(1):13.

[17] 熊晓正,钟秉枢.新中国体育60年[M].北京:北京体育大学出版社,2010:167.

[18] 国家体育总局.体育事业发展"十二五"规划[N].中国体育报,2011-04-01(2).

[19] 钟秉枢,等.职业体育——理论与实证[M].北京:北京体育大学出版社,2006:1-99.

[20] 鲍明晓.中国职业体育述评[M].北京:人民体育出版社,2009:221.

[21] 张宏宇,朱佳滨.我国足球职业化改革的历史回顾与审视[J].哈尔滨体育学院学报,2007,25(2):36.

[22] 张兵.基于组织演化的西方职业体育联盟特质研判与中国建设逻辑探寻[J].天津体育学院学报,2015(1):29-34.

[23] 李艳翎.论我国竞技体育体制的渐进式改革[J].体育科学,2002(1):27-30.

[24] 董红刚,方新普,等.结构紧张:体育利益均衡的一个内在焦虑[J].武汉体育学院学报,2012(9):12-15.

[25] 许延威,于文谦.我国职业体育的制度结构失序与产权结构治理[J].沈阳体育学院学报,2013(3):12-16.

[26] 丛湖平.我国职业体育制度调整的动力表现形式——主体间的权利博弈[J].体育科学,2005(6):1.

[27] 郑杭生.转型中的中国社会和中国社会的转型[M].北京:首都师范大学出版社,1996:111.

[28] 顾杰善.当代中国社会利益群体分析[M].哈尔滨:黑龙江教育出版社,1995:7.

[29] 范新民,蔺丰奇.社会转型期利益关系的变化及调节[J].经济论坛,2003(18):80-85.

[30] 陈子舜.利益运行机制探索[J].社会科学研究,2005(2):32-35.

[31] 林木西,柳欣. 政治经济学 [M]. 西安:陕西人民出版社,2014:43-46.

[32] 杨光斌,李月军. 中国政治过程中的利益集团及其治理 [J]. 学海,2008 (2):35.

[33] 百度百科. 国家利益 [EB/OL]. http://baike.baidu.com.

[34] 高永久,岳天明. 论地缘政治格局中的国家利益 [J]. 西南民族大学学报,2006 (8):151.

[35] 达仁道夫. 现代社会冲突 [M]. 林荣远,译. 北京:中国社会科学出版社,2000:26.

[36] 耀桐. 利益集团就是利益群体吗? [N]. 人民日报,2007-01-08 (2).

[37] 李雪勤. 民主与改革 [M]. 北京:中国方正出版社,2001:300.

[38] 过勇. 经济转轨、制度与腐败 [M]. 北京:社会科学文献出版社,2007:334.

[39] 杨宇冠,吴高庆. 联合国反腐败公约解读 [M]. 北京:中国人民公安大学出版社,2004.

[40] 曼瑟尔·奥尔森. 集体行动的逻辑 [M]. 陈郁,译. 上海:上海三联书店、上海人民出版社,1990:50.

[41] 李庆华,等. 我国社会转型期的利益整合问题 [J]. 中共中央党校学报,2003 (3):39-45.

[42] 陆平辉. 利益冲突的理念与实证分析 [J]. 南京社会科学,2003 (9):62-66.

[43] 姚先国,郭继强. 经济转型中的利益协调与利益补偿 [J]. 浙江学刊,1996 (5):60-64.

[44] 文军,朱士群. 分化与整合:加速转型期中国社会稳定性分析 [J]. 科技导报,2000 (12):22-25.

[45] 胡石清. 社会合作中利益如何分配——超越夏普利值的合作博弈"宗系解" [J]. 管理世界,2018 (6):83-88.

[46] 许彩明,冯维玲. CBA职业体育俱乐部利益相关者分析 [J]. 西安体育学院学报,2013 (1):62-66.

[47] 袁春梅. 我国职业体育利益相关者的利益冲突与协调 [J]. 成都体育学院学报,2008 (1):11-14.

[48] 陈存志. 职业体育俱乐部核心利益相关者利益冲突及协调研究 [J]. 浙江

体育科学, 2010 (4): 1-5.

[49] 胡鑫晔. 我国职业体育发展中的利益博弈 [J]. 体育文化导刊, 2011 (11): 144-147.

[50] 崔鲁祥. 中国职业体育利益相关者分析及协同治理 [D]. 北京: 北京体育大学出版社, 2012.

[51] 梁伟. 中国职业体育联赛利益机制构建及实现策略研究——以中国职业足球联赛为中心 [M]. 北京: 北京体育大学出版社, 2016: 9-45.

[52] 舒成利. 从利益相关者管理理论看我国职业足球产业的发展 [J]. 成都体育学院学报, 2006 (3): 21.

[53] 龚波. 足球改革进程中的利益冲突与兼容 [J]. 武汉体育学院学报, 2013 (2): 66-70.

[54] 陈治. 论中国职业足球联盟构建路径 [D]. 江西: 江西财经大学, 2016.

[55] 王月敏, 何胜保. 试论我国竞技体育利益主体的博弈 [J]. 体育文化导刊, 2014 (3): 100.

[56] 梁伟. 基于资本权力错配与重置的中国足球超级联赛股权管办分离研究 [J]. 体育科学, 2013 (1): 17-22.

[57] 梁晓龙. 我国体育职业化改革中几个基本理论问题的思考 [J]. 体育文化导刊, 2005 (4): 8-10.

[58] 李航. 公司制职业体育俱乐部债权人利益保护研究 [J]. 体育文化导刊, 2016 (2): 132.

[59] 鲍明晓. 关于建立和完善新型举国体制的理论思考 [J]. 天津体育学院学报, 2001 (4): 48-52.

[60] 郑志强. 中国职业足球联赛的产权分析及其利益分配 [J]. 天津体育学院学报, 2008 (6): 483-486.

[61] 张琴. 我国体育利益冲突分析 [J]. 体育文化导刊, 2012 (9): 9-12.

[62] 李元伟, 鲍明晓. 关于进一步完善我国竞技体育举国体制的研究 [J]. 中国体育科技, 2003, 8 (39): 1-5.

[63] 王庆伟. 我国职业体育联盟的理论研究 [J]. 体育科学, 2005 (5): 87-94.

[64] 尹立海. 我国建立职业体育联盟的可行性分析 [J]. 上海体育学院学报, 2005 (4): 45-49.

[65] 黄涛，万发达. 中国足协与足球俱乐部矛盾的主要原因分析 [J]. 体育学刊，2009（9）：24-27.

[66] 张兵，仇军. 经济社会学视域下中国职业体育市场生成逻辑及发展策略选择 [J]. 体育科学，2017（7）：12-13.

[67] 王岩，张皞昕. 论我国职业体育联盟的治理结构与财务监控 [J]. 财会研究，2010（10）：78-80.

[68] 郑娟，郑志强. 体育协同治理的演化博弈分析——以 CBA 联赛为例 [J]. 北京体育大学学报，2018（9）：30-31.

[69] 张诚. 职业体育赛事电视转播权联盟博弈及利益分配的应用研究 [J]. 山东体育学院学报，2013（2）：16-19.

[70] 李伟. 垄断与创新——当代职业体育的新经济学分析 [M]. 北京：首都经济贸易大学出版社，2017：2-10.

[71] 张兵，仇军. 管办分离后中国职业足球改革的路径选择与机制依赖 [J]. 体育科学，2016（10）：3-9.

[72] 郎效农. 关于中国足球职业化改革的基本认识 [R]. 国家体育总局：市场经济与体育改革发展论文集，2002.

[73] 王建国. NBA 联盟的利益分配机制 [J]. 武汉体育学院学报，2007（6）：38-42.

[74] 乔治·亨利. 美国权力和意识：一个批判视角 [M]. 纽约：人体运动出版社，1998.

[75] 卡纳里斯. 大股东激励与强化效应的分离 [J]. 金融学报，2002（6）：38-42.

[76] 大卫·贝瑞. 球员让利会使 NBA 发展更好吗？以 2011 年 NBA 劳资协议为例 [J]. 国际体育金融杂志，2015（7）：158-175.

[77] 大卫·斯瑞比. 组织结构与治理研究：以澳大利亚橄榄球协会为例 [J]. 体育管理评论，2016（9）：271-307.

[78] 唐娟. 政府治理论 [M]. 北京：中国社会科学出版社，2006：88.

[79] 张兵. 基于组织演化的西方职业体育联盟特质研判与中国建设逻辑探寻 [J]. 天津体育学院学报，2015（1）：29-34.

[80] 王云五. 荀子（上）[M]. 熊公哲，注释. 重庆：重庆出版社，2009：260.

[81] 张永雷. 汉书 [M]. 刘从，译注. 北京：中华书局，2009：203.

[82] 杨朝明，宋立林. 孔子家语通解［M］. 济南：齐鲁书社，2009：158.

[83] 王士禛. 池北偶谈［M］. 北京：中华书局，1982：613.

[84] 詹姆斯·N. 罗西瑙. 没有政府的治理［M］. 张胜军，刘小林，等，译. 南昌：江西人民出版社，2001：1.

[85] 百度百科. 治理［EB/OL］. http：//baike. baidu. com.

[86] 赵立波. 事业单位管办分离若干重大理论与实践问题研究［J］. 中共福建省委党校学报，2012（2）：78 - 85.

[87] 中国研究服务中心. 二十一世纪中国经济展望［EB/OL］. http：//www. cuhk. edu. hk/ics/21c/supplem/essay/0407045. html.

[88] 张兵. 走出政府中心逻辑：我国职业体育管办分离的理论与实践［J］. 体育与科学，2014（2）：24 - 29.

[89] 刘苏，张林. 中国职业足球"管办分离"改革的逻辑分析——从质疑与反思到完善与创新［J］. 成都体育学院学报，2013（11）：52 - 57.

[90] 谭相建，邱雪，等. 中国足球职业联赛"管办分离"的研究［J］. 体育学刊，2015（3）：42 - 47.

[91] 马胜，沈飞，等. 我国混合所有制企业股东利益博弈分析——基于协同治理视角［J］. 成都大学学报，2018（4）：33 - 36.

[92] 姬兆亮，戴永祥，胡伟. 政府协同治理：中国区域协调发展协同治理的实现路径［J］. 西北大学学报：哲学社会科学版，2013（2）：2.

[93] 张贤明，田玉麒. 论协同治理的内涵、价值及发展趋向［J］. 湖北社会科学，2016（1）：30 - 36.

[94] 郑国坚，林东杰，张飞达. 大股东财务困境、掏空与公司治理的有效性——来自大股东财务数据的研究［J］. 管理世界，2013（5）：157 - 168.

[95] 孙萍，闫亭豫. 我国协同治理理论研究述评［J］. 理论月刊，2013（3）：107 - 112.

[96] 石水平. 控制权转移、超控制权与大股东利益侵占——来自上市公司高管变更的经验证据［J］. 金融研究，2010（4）：160 - 176.

[97] 弗里曼. 战略管理：利益相关者方法［M］. 王彦华，梁豪，译. 上海：上海译文出版社，2006.

[98] 米切尔. 利益相关者识别理论的研究与探讨：谁与真正重要的界定原则［J］. 体育管理评价，1997（4）：853 - 886.

[99] 大卫·威尔. 隐藏利益相关者：商业案例, 远程武器杂志 [J]. 1998 (2)：201-210.

[100] 百度百科. [EB/OL]. http://baike.baidu.com.

[101] 邓益伟. 博弈论六夺诺贝尔经济学奖 可指导日常生活 [EB/OL]. htpp: newhexun.com/2012-10-15.

[102] 钟玉岚. 气候变化问题的博弈论 [N]. 光明日报, 2015-11-29.

[103] 聂辉华. 三个有趣而复杂的博弈论故事 [EB/OL]. htpp: newhexun.com/2015-11-26/1467871172/.html.

[104] 保罗·皮尔斯. 基于风险的虚拟电厂利益分配模型 [J]. 电力系统研究, 2015 (4)：368-378.

[105] 洛瑞. 基于合作博弈理论的 DEA 信息共享方法 [J]. 操作研究, 2012 (3)：558-565.

[106] 洛佩兹. 企业价值评估与投资者保护 [J]. 金融杂志, 2002 (3)：147-1170.

[107] 沙文. 企业创新与吸收能力的关系 [J]. 经济科学, 2014 (2)：399-420.

[108] 曾鹦, 李军. 合作博弈视角下城市道路交通拥堵收费研究 [J]. 运筹与管理, 2013, 22 (1)：9-15.

[109] 薛俭, 谢婉林, 李常敏. 京津冀大气污染治理省际合作博弈模型 [J]. 系统工程理论与实践, 2014, 34 (3)：810-816.

[110] 刘磊, 乔忠, 刘畅. 农超对接模式中的合作博弈问题研究 [J]. 管理工程学报, 2012, 26 (4)：100-106

[111] 孔祥荣, 韩伯棠. 基于合作博弈的运输分配方法 [J]. 系统工程理论与实践, 2010, 30 (7)：1340-1344.

[112] 孙冬营, 王慧敏, 于晶. 基于模糊联盟合作博弈的流域水资源优化配置研究 [J]. 中国人口·资源与环境, 2014, 24 (12)：153-158.

[113] 王光净, 杨继君, 刘仲英. 基于合作博弈的区域产业结构优化模型 [J]. 工业工程与管理, 2010, 15 (1)：53-58.

[114] 谢晶晶, 窦祥胜. 基于合作博弈的碳配额交易价格形成机制研究 [J]. 管理评论, 2016, 28 (2)：15-24.

[115] 冯根福, 赵珏航. 管理者薪酬、在职消费与公司绩效——基于合作博弈的分析视角 [J]. 中国工业经济, 2012 (6)：147-158.

[116] 丁荣涛. 基于合作博弈的港口物流链云服务组织方法 [J]. 清华大学学

报：自然科学版，2014，54（3）：366-372.

[117] 李泉林，段灿，鄂成国，等. 云资源提供商的合作博弈、模型与收益分配研究 [J]. 运筹与管理，2014，23（4）：274-280.

[118] 瑞德利. 基于利益相关者层面的美国气候政策研究 [J]. 能源政策，2013（6）：775-784.

[119] 格丽特. 欧洲足球治理网络：欧盟层面足球治理的新思想 [J]. 体育政策研究，2013（5）：113-132.

[120] 大卫·斯瑞比. 组织结构与治理研究：以澳大利亚橄榄球协会为例 [J]. 体育管理评论，2016（9）：271-307.

[121] 米切尔. 体育利益相关者识别理论的研究与探讨：谁与真正的界定原则 [J]. 体育管理学杂志，2020（5）：66.

[122] 大卫·威尔. 隐藏利益相关者：商业案例 [J]. 远程武器杂志，1998（2）：201-210.

[123] 郑志强，侯会生. 基于演化博弈的中超联赛协同治理机制构建研究 [J]. 体育研究与教育，2020（5）：66.

[124] 洛瑞. 基于合作博弈理论的MBL联赛股东利益共享方法 [J]. 体育管理学杂志，2006（3）：579-595.

[125] 卡斯里亚锡. 协同新产品开发的努力，收益与成本分担机制研究 [J]. 管理科学，2009（7）：1152-1169.

[126] 郑志强，曹景川. 国际足联道德委员会司法程序的正当性审视 [J]. 武汉体育学院学报，2018（2）：39-42.

[127] 杰里尼奥. 合作博弈论与库存管理 [J]. 运筹学学报，2011（3）：459-466.

[128] 萨登. 基于模糊协同对策解的水资源配置问题研究 [J]. 水资源管理，2011（10）：2543-2573.

[129] 郑志强，刘志民. 中国大国体育形象构建的困境与路径 [J]. 武汉体育学院学报，2012（12）：31-33.

[130] 黄璐. 中国足球改革发展总体方案中的国家战略思想 [J]. 体育成人教育学刊，2015（2）：34-36.

[131] 高治，郑原. "足球改革"对中国体育发展的启示 [J]. 武汉体育学院学报，2017（3）：86-93.

[132] 宋承良. 国家体育总局：足协将退出职业联赛日常管理角色 [N]. 东方

早报, 2011-12-30 (8).

[133] 郑志强, 李向前. 中国职业足球联赛理事会构建的反思与重构 [J]. 武汉体育学院学报, 2017 (3): 22-28.

[134] 龚波. 制度变迁: 中国足球职业化改革的动因、进程与反思 [J]. 体育学刊, 2012 (1): 25.

[135] 张吉龙. 激情英超 [M]. 北京: 光明日报出版社, 2005: 39.

[136] 百度百科. 股份制 [EB/OL]. http://baike.baidu.com.

[137] 熊瑜. 职业足球利益相关者治理 [D]. 南昌: 江西财经大学, 2016.

[138] 梁伟, 梁柱平. 中国足球超级联赛竞技收益分配机制——基于利益相关者理论的视角 [J]. 西安体育学院学报, 2014 (5): 513-517.

[139] 王庆伟. 我国职业体育联盟理论研究 [M]. 北京: 北京体育大学出版社, 2007: 95.

[140] 郑芳. 基于要素分析的职业体育治理结构研究 [M]. 杭州: 浙江大学出版社, 2010: 36.

[141] 足球产业规划落地将意味体育产业正进入加速发展期 [EB/OL]. 2018-08-03. http://www.chinabgao.com/info/85579.html.

[142] 姜山. 中超商业价值无愧亚洲第一分红10年翻100倍 [EB/OL]. http://sports.qq.com.cn/a/2015/09/26/shtml.

[143] 王庆伟. 我国职业体育联盟理论研究 [D]. 北京: 北京体育大学出版社, 2004: 2.

[144] 王岩, 张皞昕. 论我国职业体育联盟的治理结构与财务监控 [J]. 财会研究, 2010 (10): 78-80.

[145] 鲍明晓. 反思中国足球改革 [J]. 体育科研, 2010, 31 (3): 15-16.

[146] 张保华. 职业体育服务业研究 [M]. 北京: 经济科学出版社, 2009: 67.

[147] 黄涛, 万发达. 中国足协与足球俱乐部矛盾的主要原因分析 [J]. 体育学刊, 2009 (9): 24-27.

[148] 徐晓松. 国家股权及其制度价值——兼论国有资产管理体制改革的走向 [J]. 政法论坛, 2018 (1): 170-175.

[149] 梁益军. 我国职业足球俱乐部股份制改革存在问题分析 [J]. 体育与科学, 2010 (1): 12-13.

[150] 黄涛, 万发达. 中国足协与足球俱乐部矛盾的主要原因分析 [J]. 体育

学刊, 2009 (9): 24-27.

[151] 张文建. 职业赛事的现状和改进对策研究 [M]. 北京: 北京体育大学出版社, 2015: 6.

[152] 陆元兆. 产权残缺与体育产业 [J]. 西安体育学院学报, 2000 (3): 25-26.

[153] 丛湖平, 等. 政府主导型的职业体育制度创新的约束机制研究 [J]. 中国体育科技, 2003 (9): 1-3.

[154] 孔庆鹏. "潮头"思考: 关于我国职业体育俱乐部改革的几点认识 [J]. 体育与科学, 2000 (1): 1-7.

[155] 梁进. 足球职业化改革中的制度研究 [J]. 体育科学, 2002 (3): 8-11.

[156] 丛湖平. 我国职业体育制度变迁的方式、路径及相关问题研究 [J]. 体育科学, 2004 (3): 1-4.

[157] 王庆伟, 王庆锋. 西方职业体育制度变迁的比较研究 [J]. 体育与科学, 2006, 27 (1): 42-51.

[158] 鲍明晓. 我国足球运动管理改革的经验与问题 [J]. 体育文化导刊, 2009 (7): 1.

[159] 冯维胜. 职业足球俱乐部治理 [D]. 上海: 华东师范大学, 2007: 74.

[160] 汪大昭. 中国足球职业化没错成绩论害苦国足 [N]. 人民日报, 2010-6-18 (6).

[161] 唐峰. 中国足球管理体制改革的理论研究 [D]. 北京体育大学学报, 2005.

[162] 贾志强. 新时期我国体育管理体制与运行机制研究 [J]. 北京体育大学学报, 2007 (9): 8-11.

[163] 刘东锋. 中国体育管理体制改革的路径选择 [J]. 上海体育学院学报, 2005 (2): 46-48.

[164] 高升, 陆在春, 王家宏. 体育协治: 深化体育改革的一种理论解释与实践路径 [J]. 天津体育学院学报, 2017 (2): 99-105.

[165] 张宝花. 协同治理: 职业体育信用体系建设的模式选择 [J]. 体育研究与教育, 2017 (4): 29-32.

[166] 南音. 国家政策与社团实践——合作博弈视角下中国篮协改革发展问题研究 [J]. 成都体育学院学报, 2017 (4): 34-39.

[167] 李军岩,张春萍. 我国职业体育利益相关者共生下的利益均衡分析 [J]. 沈阳体育学院学报, 2018 (5): 67–83.

[168] 荣霁,崔鲁祥. 新时代背景下我国职业体育的协同治理研究 [J]. 沈阳体育学院学报, 2018 (5): 67–83.

[169] 孙萍,闫亭豫. 我国协同治理理论研究述评 [J]. 理论月刊, 2013 (3): 107–112.

[170] 解构构中超公司 [EB/OL]. hhtp://comment.sports.163.com/12/0530/10/82000507012.html.

[171] 刘迎军. 包容性增长视角下混合所有制企业利益相关者博弈分析 [J]. 商业经济研究, 2016 (6): 101–103.

[172] 杜丛新. 国外职业体育组织产权制度研究 [M]. 武汉:中国地质大学出版社, 2011: 3.

[173] 新华社. 中国足球改革发展总体方案 [N]. 人民日报, 2015-03-17 (6).

[174] 陈英. 公共事业治理结构、模式与中国公共事业改革 [J]. 财经政法资讯, 2006 (5): 52–59.

[175] 姜熙. 反垄断法视角下我国职业体育联盟建构的理论研究 [J]. 武汉体育学院学报, 2016 (3): 42–49.

[176] 李雷雷. 英足总管理体制研究 [J]. 体育成人教育学刊, 2017 (3): 46–48.

[177] 黄亚铃. 中国体育社团的发展——历史进程、使命与改革 [J]. 北京体育大学学报, 2004 (2): 156–158.

[178] 胡宇,刘青. 我国非营利体育组织政府管理模式特点及创新研究 [J]. 成都体育学院学报, 2012 (1): 33.

[179] 李强. 对社会事业领域"管办分离"改革的思考 [J]. 改革纵横, 2009 (3): 37.

[180] 崔雪梅,仇军. 职业体育劳资博弈的制度设计:一个博弈均衡分析方法的应用 [J]. 北京体育大学学报, 2016 (7): 26–31.

[181] 黄婷,郭克莎. 国有僵尸企业退出机制的演化博弈分析 [J]. 经济管理, 2019 (5): 5–19.

[182] 董红刚. 职业体育联赛治理模式:域外经验和中国思路 [J]. 上海体育

学院学报，2015（6）：1-10.

[183] 王名. 社会组织与社会治理［M］. 北京：社会科学文献出版社，2014：250-268.

[184] 易剑东. 论完善中国足球法人治理结构的关键问题——写在《中国足球改革总体方案》颁布一周年［J］. 体育学刊，2016（3）：1-8.

[185] 郑志强. 西方体育组织治理理论研究述评——基于董事会战略功能构建视角［J］. 体育科学，2016（4）：77-79.

[186] 百度百科. 中国足协［EB/OL］. http://baike.baidu.com.

[187] 张安琪. 国家发改委印发中国足球中长期发展规划（2016—2050年）［EB/OL］. http://sports news.xinhua.com/128883907.html.

[188] 百度百科. 体育行业协会［EB/OL］. http://baike.baidu.com/view/10812319.htm.

[189] 于小千. 管办分离：公共服务管理体制改革研究［M］. 北京：北京理工大学出版社，2011：181.

[190] 董文琪. 行业协会的内部治理问题研究［EB/OL］. http://www.chinanpo.gov.cn/700100/92605/2009-10-21.html.

[191] 郑志强，李阳，冯晓丽. 中国足协法人治理结构的优化策略［J］. 体育成人教育学刊，2020（4）：48-51.

[192] 郑志强，张伟，翟丽丽. 澳大利亚橄榄球国家组织运作模式的改革与启示［J］. 西安体育学院学报，2017（3）：73-75.

[193] 胡佳澎，郑芳. 制度选择视角下我国CBA联赛权力结构的演进［J］. 沈阳体育学院学报，2018（4）：45.

[194] 许彩明. 职业体育利益相关者价值链理论及应用［M］. 北京：中国矿业大学出版社，2015：29-35.

[195] 刘传海. 我国"三大球"体制改革困境与抉择——利益冲突下的多方博弈［J］. 武汉体育学院学报，2016（8）：23-24.

[196] 杨桦. 深化体育改革推进体育治理体系和治理能力现代化［J］. 北京体育大学学报，2015（1）：5.

[197] 范叶飞. 作为善治的体育治理探析［J］. 河北体育学院学报，2015（4）：3.

[198] 胡佳澎，郑芳. 制度选择视角下我国CBA联赛权力结构的演进［J］. 沈

阳体育学院学报，2018（4）：45.

[199] 张兵. 跳出西方经济学的束缚：关于我国职业体育产权问题的经济社会学分析 [J]. 体育科学，2015（5）：3-9.

[200] 王欣新，王斐民. 中超风波：产权与体制的博弈 [J]. 法人，2005（1）：72-75.

[201] 高茂章. 中国足球超级联赛产权问题的探究 [J]. 沈阳体育学院学报，2008（2）：50-53.

[202] 刘昉，史国生. 以博弈论审视中国职业足球联赛的制度变迁——基于英超联赛与中超联赛升降级制度的对比 [J]. 体育成人教育学刊，2013（3）：19-20.